CW01461046

www.learnpersian

... So Much More Online!

- ✓ FREE Farsi lessons
- ✓ More Farsi learning books!
- ✓ Online Farsi – English Dictionary
- ✓ Online Farsi Tutors

Looking for an Online Farsi Tutor?

Call us at: 001-469-230-3605

Send email to: Info@learnpersianonline.com

I

Laugh and Learn Farsi:

Mulla Nasreddin Tales For Intermediate to Advanced Persian Learners (Volume II)

By

Reza Nazari & Somayeh Nazari

II

ISBN-13: 978-1535207959

ISBN-10: 1535207957

Published by: Learn Persian Online Website

www.learnpersianonline.com

About Learn Persian Online Website

The *"Learn Persian Online Website"* was founded on the belief that everyone interested in Persian language should have the opportunity to learn it!

Established in 2012 and conveniently located in Dallas, Texas, the *"Learn Persian Online Website"* creates international opportunities for all people interested in Persian language and culture and builds trust between them. We believe in this cultural relations!

If you are intended to learn more about Persian, this beautiful language and culture, *"Learn Persian Online Website"* is your best starting point. Our highly qualified Persian experts can help you connect to Persian culture and gain confidence you need to communicate effectively in Persian.

Over the past few years, our professional instructors, unique online resources and publications have helped thousands of Persian learners and students improve their language skills. As a result, these students have gained their goals faster. We love celebrating those victories with our students.

Please view our website at:

www.learnpersianonline.com

About the Author

Reza Nazari is a Farsi author. He has published more than 50 Farsi learning books including "Persia Club Dictionary Farsi – English" and "Essential Farsi Idioms".

Reza is also a professional Farsi teacher. Over the past seven years, his online Farsi classes have helped thousands of Farsi learners and students around the world improve their language skills effectively.

To participate in online Farsi classes or ask questions about learning Farsi, you can contact Reza via email at:

reza@learnpersianonline.com or his Skype ID: rezanazari1

Table of Contents

X

XI

Description

Mullah Nasreddin is a famous Persian character who appears in many funny Persian stories. He is always humorous, wise, and sometimes philosophic. Mulla's stories are generally funny, but in the subtle humor there is always a lesson to be learned. Just hearing Molla's name brings smile to Persians. You cannot find an Iranian who does not know a few stories of Mulla.

This book offers about 200 funny stories of Mulla Nasreddin. It is an excellent source of short stories that are both enjoyable and relatively easy to understand for intermediate to advanced Persian learners.

Laugh and learn Farsi is a series of supplementary texts for Persian students and professionals who want to better understand Persian native speakers, publications and media.

داستانهای ملانصرالدین

ملا در جنگ

روزی ملا به جنگ رفت و با خود سپر[1] بزرگی را برد. ناگهان یکی از دشمنان سنگی به سر او زد و سرش را شکست.

ملا سپر بزرگش را به دشمن نشان داد و گفت: ای نادان[2] این سپر بزرگ را نمی‌بینی و سنگ را به سر من میزنی؟

---

[1]سپر: armour
[2]نادان: ignorant

ملا و زنش

ملانصرالدین زنی داشت که قبلاً دو بار ازدواج کرده بود و هر دو شوهرِ سابقِ[1] زن مرده بودند.

ملانصرالدین در حال مرگ بود. زنش گریه می‌کرد و می‌گفت: ملا جان! کجا می‌روی و من را تنها به چه کسی می‌سپاری[2]؟

ملا در همان حال جواب داد:
به نامرد[3] چهارمی.

---

[1]سابق: former

[2]سپردن: to entrust

[3]نامرد: dastard

ملا و گورستان

ملا به خاطر بدهی زیادی که به طلبکارانش[1] داشت، وانمود[2] کرد که مرده است. دوستان ملا او را کفن[3] کردند و در تابوت[4] گذاشتند و به سمت گورستان بردند. اما در راه مسیر گورستان را گم کردند و هرچقدر گشتند مسیر گورستان را پیدا نکردند. ملا که دیگر طاقت نداشت از میان تابوت بلند شد و گفت: راه قبرستان از آن طرف است!!!

[1]طلبکار: creditor
[2]وانمود کردن: to feign
[3]کفن: shroud
[4]تابوت: coffin

ملا و انصاف

ملا مقداری چغندر و هویج و شلغم و سبزیجات مختلف خرید و در خورجین[1] ریخت و آن را بر روی دوش خود گذاشت و سپس سوار خر شد.

یکی از دوستانش در راه او را دید و پرسید: ملا جان چرا خورجین را بر روی خر نمی‌اندازی؟ ملا جواب داد: من مرد باانصافی[2] هستم.درست نیست که هم خودم سوار خر باشم و هم خورجین را روی حیوان بیندازم!

---

[1]خورجین: saddlebag
[2]باانصاف: equitable

ملا و نوح

روزی ملانصرالدین برای سخنرانی کردن بالای منبر[1] رفت و

یک آیه خواند: «و ما نوح را فرستادیم ... » بعد هر چقدر فکر

کرد ادامه آیه را به خاطر نیاورد. تا اینکه یکی از حضار[2] گفت:

ملا ما را منتظر نگذار. اگر نوح نمی‌آید یک نفر دیگر را

بفرست!!!

---

[1]منبر: pulpit

[2]حضار: audience

داستان بچه ملا

یک روز بچه کوچک خود را بغل کرد و برایش لالایی[1] خواند. ناگهان بچه روی ملا ادرار کرد. ملا که ناراحت شده بود بچه را خیس[2] کرد.

زنش وقتی دید به ملا گفت: این چه کاری بود که کردی؟ ملا گفت: برود خدا را شکر کند. اگر بچه من نبود و غریبه بود او را داخل یک حوض می-انداختم.

[1]لالایی: lullaby

[2]خیس: soak

ماه و خورشید

روزی شخصی از ملا پرسید: ماه بهتر است یا خورشید!؟

ملا گفت: ای نادان این چه سوالی است که از من می پرسی؟ خوب معلوم[1] است. خورشید روزها بیرون می‌آید که هوا روشن است و نیازی به وجودش نیست! ولی ماه شب‌های تاریک را روشن می‌کند. به همین علت سودش[2] خیلی بیشتر از ضررش[3] است.

---

[1]معلوم: clear

[2]سود: profit

[3]ضرر: damage

ملا و پسرش

پسر ملا در سن ۱۵ سالگی ازدواج می‌کند.

مردم به نزد ملا می‌روند و به او می‌گویند: پسر تو هنوز بچه است و عاقل[1]
نیست.

ملا می‌گوید: اگر عاقل بود که ازدواج نمی‌کرد.

---

[1]عاقل: wise

علت مرگ

ملانصرالدین به دوستش گفت: خبر داری نادر مرده است؟

دوستش گفت: «نه! علت مرگ او چه بود؟»

ملا گفت: «علت زنده بودن آن بیچاره[1] هم معلوم نبود چه برسد به علت مرگش!»

[1]بیچاره: hapless

خرِ ملا

روزی ملا خر خود را به بازار برد تا آن را بفروشد. اما هر مشتری که داوطلب[1] خریدن آن خر می‌شد، اگر از جلو می‌آمد خر او را گاز[2] می‌گرفت و اگر از عقب می‌رفت به آن لگد[3] می‌زد.

شخصی به ملا گفت: با این کارهایی که این حیوان انجام می‌دهد هیچ کس او را نمی‌خرد. ملا پاسخ داد: من هم برای همین این حیوان را به بازار آورده‌ام تا همه بدانند که من چطور آن را تحمل می‌کنم!

---

[1] داوطلب: volunteer

[2] گاز گرفتن: to bite

[3] لگد زدن: to kick

ملا در خواب

یک شب ملانصرالدین خواب دید که شخصی ۹ تومان به او می‌دهد. اما او اصرار[1] می‌کند که ۱۰ تومان بدهد. در همین لحظه از خواب بیدار می‌شود و می‌بیند چیزی در دستش نیست.

پشیمان می‌شود و چشم هایش را می‌بندد و می‌گوید: «قبول، همان ۹ تومان را بده.»

[1] اصرار کردن: to insist

ملا و نابینا

روزی ملا کنار جوی آب نشسته بود. ده نفر نابینا به او رسیدند و گفتند: نفری یک تومان به تو می‌دهیم تا ما را از این جوی رد[۱] کنی.

ملا قبول می‌کند و نه نفر را از جوی آب رد می‌کند. هنگامیکه داشت نفر دهم را از جوی رد می‌کرد، نابینا به داخل آب افتاد.

با سرو صدای نابینا دوستانش متوجه غرق[۲] شدن او شدند و به ملا گفتند: را مواظب نبودی و موجب غرق شدن دوست ما شدی.

ملا می‌گوید: من یک تومان ضرر کردم شما چرا ناراحت هستید.

---

[۱] رد کردن: to pass

[۲] غرق شدن: to sink

خروس شدن ملا

یک روز ملا به حمام عمومی رفته بود. تعدادی جوان که در آنجا بودند تصمیم گرفتند او را اذیت[1] کنند. هر یک از آنها تخم مرغی با خود آورده بودند.

آنها به ملا گفتند: ما هر کدام قدقد[2] می‌کنیم و یک تخم می‌گذاریم اگر کسی نتوانست تخم بگذارد باید مخارج حمام دیگران را بپردازد!

ملا ناگهان شروع کرد به قوقولی قوقو[3] کردن! جوانان با تعجب از او پرسیدند: ملا این چه صدایی است تو قرار بود مرغ بشوی!

ملا گفت: این همه مرغ یک خروس هم لازم دارند!

---

[1]اذیت کردن: to offend

[2]قدقد: cluck

[3]قوقولی قو قو: crow

۳۲

قبر دراز و ملا

یک روز که ملا داشت از گورستان عبور می‌کرد، قبر درازی[1] را دید. از شخصی پرسید: اینجا چه کسی دفن[2] شده است!

شخص پاسخ داد: این قبر علمدار[3] امیر لشکر است!

ملا با تعجب گفت: مگر او را با علمش دفن کرده اند؟!

---

[1]دراز: long
[2]دفن: burial
[3]علمدار: ensign

۳۳

استراحت ملا

شخصی از ملا پرسید: چند ساعت در روز استراحت می‌کنی؟ ملا گفت: چند ساعت در شب و دو ساعت در روز که او می‌خوابد.

آن شخص پرسید: منظورش از او چه کسی است؟ ملا گفت: همسرم.

شخص گفت: نادان پرسیدم خودت چقدر استراحت می‌کنی. ملا جواب داد: نادان خودت هستی. ساعت‌هایی که همسرم در خواب است من می‌- توانم استراحت کنم.

ملا و فروختن الاغ

یک روز ملا الاغ[1] خود را به بازار برد تا بفروشد. اما در راه الاغ داخل لجن[2] رفت و دُمِ الاغ کثیف شد. ملا با خودش گفت: این الاغ را با دم کثیف نخواهند خرید. به همین دلیل دُمِ الاغ را برید[3].

در بازار برای الاغ مشتری پیدا شد اما تا دید الاغ دم ندارد از معامله منصرف شد. ملا به مشتری گفت: ناراحت نشوید دم الاغ در خورجین است!؟

---

[1]الاغ: donkey
[2]لجن: sludge
[3]بریدن: to cut

۳۵

ملا و مردن

یک روز ملا از همسر خود پرسید: زمانیکه یک نفر می‌میرد چگونه مشخص می‌شود که او مرده است. همسر ملا جواب داد: علامت آن این است که دست و پاهایش سرد می‌شود.

بعد از چند روز ملا برای آوردن هیزم[1] به جنگل رفت. چون هوا بسیار سرد بود دست و پاهایش سرد و شد. ملا با خود فکر کرد که مرده است. بنابراین خودش را روی زمین انداخت و مانند مرده‌ها دراز کشید. در همین حالت بود که دسته‌ای گرگ به خر او حمله[2] کردند و آن را خوردند. ملا که صحنه را می‌دید به آرامی سر خود را بلند کرد و گفت: اگر نمرده بودم به شما می‌فهماندم که خر من را خوردن چه نتایجی[3] دارد.

[1]هیزم: firewood

[2]حمله کردن: to attack

[3]نتایج: results

عذرخواهی کردن ملا

پسر ملا به مردی ناسزا[1] گفته بود. ملا وقتی شنید برای عذر خواهی[2] نزد آن شخص رفت و گفت: او مانند پسر شما است و خر است! بهتر است او را ببخشید و از او کینه‌ای نداشته باشید.

---

[1]ناسزا: profanity
[2]عذرخواهی: apology

۳۷

دم خروس ملا

یک روز شخصی خروس ملا را دزدید و در کیسه گذاشت.

ملا که دزد را دیده بود او را تعقیب[1] کرد. بعد از چند دقیقه نزد او رفت گفت: خروس من را بده! دزد گفت: من خروس تو را ندیده‌ام.

ملا دید دم خروس از کیسه بیرون آمده است. به همین جهت به دزد گفت: حرف تو را باور کنم یا دم خروس که بیرون آمده است.

[1]تعقیب کردن: to follow

ملا در بازار

یک روز ملا به بازار خر فروشان رفته بود تا یک خر بخرد. عده زیادی از روستایی‌ها در آنجا بودند. در همین هنگام مردی که از آنجا عبور می‌کرد به سمت ملا رفت تا او را اذیت کند.

مرد به ملا گفت: در این بازار جز روستایی‌ها و خر چیز دیگری پیدا نمی‌-شود. ملا پرسید: شما روستایی هستید؟ مرد پاسخ داد: نه. ملا گفت: پس مشخص شد که چه چیزی هستید.

ملا و شهر جدید

ملا تازه وارد شهری شده بود و در بازار می‌گشت. مردی به سمت ملا رفت

و از او پرسید: امروز چند شنبه است؟ ملا جواب داد: نمی‌دانم، من تازه

وارد این شهر شده‌ام و جایی را بلد[1] نیستم.

_____

[1]بلد بودن: To know

ملا و قیمت حلوا

ملا با پسرش به مغازه حلوا فروشی رفت و یک حلوا خرید و به پسر خود داد. به پسر خود گفت تو به خانه برو.

وقتی پسر از مغازه دور شد، ملا به فروشنده گفت: اگر کسی از شما حلوا بخرد و پول نداشته باشد با چه خواهید کرد؟ فروشنده پاسخ داد: به او یک لگد می‌زنم و از او را از مغازه بیرون می‌کنم.

ملا گفت: پس به من یک لگد بزنید. فروشنده به او لگدی زد و از مغازه بیرون انداخت. ملا گفت: اگر به این قیمت حلوا می‌- دهید تا یک حلوای دیگر هم بردارم.

ملا و مرد صد ساله

از ملا پرسیدند: آیا ممکن است همسر مردی صد ساله حامله[1] شود؟

ملا جواب داد: اگر یک همسایه جوان و بیست ساله‌ای داشته باشد، بله.

[1] **حامله:** pregnant

ملا مرده‌ی ثروتمند

روزی ملانصرالدین به دنبال جنازه‌ی [1] یک مرد ثروتمند می‌رفت و با صدای بلند گریه می‌کرد. یکی به او دلداری [2] داد و گفت: «او چه نسبتی با شما داشت؟»

ملا جواب داد: «هیچ! علت گریه‌ی من هم همین است.»

---

[1] جنازه: corpse

[2] دلداری: consolation

سگ و ملا

یک روز سگی به مسجد رفت. عده‌ای در اطراف سگ جمع شدند و حیوان را می‌زدند. ملا جلو رفت و گفت: این حیوان عقل[1] نداشته که وارد مسجد شده است شما چرا او را می‌زنید. چرا من که عقل دارم وارد مسجد نمی‌شوم.

---

[1] عقل: wisdom

دزد در خانه ملا

یک شب دزدی به خانه ملا آمد و همه جا را گشت تا چیزی پیدا کند. ناگهان ملا بیدار شد و تا دزد را دید گفت: چیزی که تو در شب به دنبال آن هستی، ما در روز روشن هم پیدا نکردیم.

جشن همسایه

مردی به ملا گفت: همسایه شما امشب جشن[۱] دارد. ملا گفت: به من چه ربطی[۲] دارد؟

آن مرد گفت: در خانه او صحبت از فرستادن شیرینی برای شما بود.

ملا گفت: به شما چه ربطی دارد؟

---

[۱]جشن: celebration

[۲]ربط داشتن: to relevance

دور کردن سگ

به ملا گفتند: اگر به سگ وحشی[1] برخورد کردی آیه اصحاب کهف را بخوان سگ فرار می‌کند. ملا گفت: چون همه سگ‌ها قرآن نمی‌فهمند برای دور کردن آنها یک چوب بهتر است.

---

[1] وحشی: wild

۴۷

گم شدن ملا

روزی ملا خرش را گم[1] کرده بود اما خدا را شکر می‌کرد. دوستش پرسید تو که خرت را گم کرده ای چرا خدا را شکر می‌کنی؟

ملا گفت: به این خاطر که خودم بر روی آن ننشسته بودم وگرنه خودم هم با آن گم شده بودم!؟

---

[1]گم کردن: to lose

۴۸

ملا و انگشتر

پادشاهی یک انگشتر[۱] بی‌نگین به ملا هدیه کرد. ملا وقتی انگشتر را گرفت دعا کرد که خدا در بهشت[۲] یک خانه بی‌سقف به پادشاه بدهد.

پادشاه تعجب کرد و پرسید: چرا خانه بی‌سقف؟

ملا جواب داد: هر وقت نگین انگشتر رسید سقف خانه هم ساخته خواهد شد.

---

[۱]انگشتر: ring

[۲]بهشت: paradise

اره و ملا

روزی مردم روستا یک چاقوی بزرگ پیدا کردند. آن را نزد ملا آوردند و پرسیدند: این چیست؟ ملا گفت: این اره[1] است که هنوز دندان بیرون نیاورده است.

_____

[1]اره: saw

۵۰

ملا و درد مو

کسی نزد ملا رفت و به او گفت: موی سرم درد می‌کند دارویی[1] به من بده.
ملا از او پرسید: امروز چه چیزی خوردی؟ مرد گفت: نان و یخ؟!
ملا گفت: برو بمیر که نه غذایت مانند غذای آدم‌ها است و نه دردت.

---

[1]دارو: medicine

ملا و قربانی

ملا پیراهنش را روی طناب بالای پشت بام آویزان[1] کرده بود. باد تندی وزید و پیراهن را به وسط حیاط انداخت. ملا به زنش گفت: باید یک گوسفند قربانی[2] کنیم. وقتی زنش علت این کار را پرسید ملا گفت: برای این که من در پیراهن نبودم ورنه زنده نمی‌ماندم.

---

[1] آویزان: hanging

[2] قربانی کردن: to victimize

۵۲

نردبان و ملا

روزی ملا در باغی بر روی نردبانی[1] رفته بود و داشت میوه می‌خورد.
صاحب باغ او را دید و با عصبانیت پرسید: ای مرد آنجا چه کار می‌کنی؟ملا
گفت: نردبان می‌فروشم!
باغبان گفت: در باغ من نردبان می‌فروشی؟
ملا گفت: نردبان مال خودم هست هر جا که بخواهم آنرا می‌فروشم.

---

[1]نردبان: ladder

ملا و عزاداران

روزی ملا در خانه‌ای رفت و از صاحبخانه مقداری نان خواست. دختری در

خانه بود و گفت: نداریم! ملا گفت: یک لیوان آب بده!

دخترک پاسخ داد: نداریم!

ملا پرسید: مادرت کجاست؟

دختر پاسخ داد: به عزاداری[1] رفته است!

ملا گفت: با این خانه‌ای که شما دارید دیگران باید برای عزاداری به خانه

شما بیایند.

[1] عزاداری: mourning

ملا و کار نکردن

یک روز ملا در خانه خوابید و به دنبال شکار[1] نرفت. زنش وقتی او را دید

که خوابیده است گفت: ملا چرا خوابیده‌ای و به دنبال کار نمی‌روی؟ ملا

گفت: تا کی من کار کنم و شکمم بخورد. بگذار یک روز هم او کار کند تا

من بخورم.

---

[1]شکار: hunt

ملا و کدخدا

یک روز ملا با کد خدا[1] به حمام رفته بود. وقتی کدخدا بدن خود را می-شست از ملا پرسید: اگر من کد خدا نبودم و فقط یک خدمتکار بودم چه ارزشی[2] داشتم.

ملا کمی فکر کرد و گفت: ده تومان. کد خدا عصبانی شد و گفت: احمق، فقط پارچه که به تن دارم ده تومان قیمت دارد. ملا گفت: خوب من هم قیمت پارچه را گفتم وگر نه خودت که ارزشی نداری.

[1]کدخدا: alderman

[2]ارزش: value

۵۶

ملا و سرکه هفت ساله

شخصی نزد ملا آمده و پرسید شما سرکه[1] هفت ساله دارید؟ ملا جواب داد: بله.

مرد گفت: پس خواهش می‌کنم یک ظرف از آن را به من بدهید.

ملا خندید و گفت: عجب آدم احمقی هستی اگر می‌خواستم به هر کس مقداری از آن را بدهم که یک ماه هم باقی نمی‌ماند.

[1] سرکه: vinegar

مهمانی بدون دعوت

ملا بدون دعوت[1] به یک مراسم جشن رفت. شخصی پرسید: تو که دعوت نشدی برای چه به این جشن آمدی؟ ملا لبخندی زد و گفت: اگر صاحبخانه وظیفه خود را نمی‌داند دلیلی ندارد من هم وظیفه خود را ندانم.

[1]دعوت کردن: to invite

ملا و ماه

شخصی از ملا سئوال کرد: این ماهی که هر ماه جدید می‌شود، کهنه‌ی آن را چه می‌کنند؟ ملا گفت: ای احمق، هنوز این مطلب را نفهمیده‌ای؟ ماه‌های کهنه را خرد[1] می‌کنند و با آن ستاره‌ها را می‌سازند که در آسمان است.

---

[1] خرد کردن: to grind

ملا و منبر

ملانصرالدین روی منبر سخنرانی می‌کرد و می‌گفت: هرکس چند تا زن داشته باشه به تعداد زن‌هایش در بهشت چراغ برایش روشن[1] می‌کنند. ناگهانملا در جمعیت زن خود را دید و گفت: البته هرگز نشود فراموش لامپ اضافی خاموش.

[1]روشن کردن: to bright

خاطره‌ی ملا

شخصی به ملا گفت: انگشترت را به من بده تا هر وقت آن را می‌بینم تو را به یاد[1] آورم. ملا گفت: انگشتر را نمی‌دهم. اما تو هر وقت انگشتت را نگاه کردی به یاد بیاور که من انگشترم را به تو ندادم.

---

[1]به یاد آوردن: to remember

ملا و ازدواج

روزی از ملا پرسیدند: شما چند سالگی ازدواج کردید؟

ملا گفت: یادم نیست چون آن زمان هنوز عاقل[1] نشده بودم!

[1]**عاقل**: wise

پختن حلوا

ملا به دوست خود گفت: مدتی است آرزوی خوردن حلوا دارم. دوستش
گفت: چرا حلوا نمی‌پزی؟ ملا گفت: هر وقت آرد هست روغن نیست، هر
وقت روغن هست شکر نیست. دوستش گفت: هیچ وقت نشده است که
هر سه را با هم داشته باشی؟ ملا گفت: هر وقت هر سه با هم در خانه بوده
من خودم نبوده‌ام.

همسایه فضول

ملا قصد داشت یک باغ بخرد. همسایه‌ی باغ هم آمده بود و مرتب از آب و هوا و گل‌های باغ تعریف می‌کرد.

ملا گفت: چرا <u>عیب</u>[1] بزرگ باغ را نمی‌گویید؟ همسایه و صاحب باغ پرسیدند: عیب باغ چیست؟

ملا گفت: داشتن همسایه فضول[2].

---

[1]عیب: fault

[2]فضول: voyeur

۶۴

خر گمشده

ملانصرالدین ده تا خر داشت. روزی سوار یکی از آنها شد و بقیه خرها را شمرد و دید یکی از آنها کم است. ملا پیاده شد و دوباره خرها را شمرد و دید ده تا هستند. دوباره سوار شد و شمرد دید یکی کم است. درنهایت از خر پیاده شد و گفت: خرسواری به گم شدن خر نمی‌ارزد[1].

صرفه جویی

روزی ملانصرالدین مردی را دید که دهانش باز است و دارد خمیازه[1] می-
کشد. ملانصرالدین در گوش مرد گفت: حالا که دهانت باز است همسر من
را هم صدا کن.

---

[1] خمیازه: yawning

دل درد

زن ملا دل درد شدیدی گرفت. ملا برای آوردن دکتر بیرون رفت. وقتی داخل کوچه رفت زنش از پنجره گفت: دردم تمام شد، دکتر لازم[1] نیست. ملا به حرف او گوش نکرد و به خانه دکتر رفت و گفت: زن من دل درد شدیدی گرفته بود وقتی داشتم به نزد شما می‌آمدم زنم گفت که دردم تمام شده و به دکتر نیازی نست. من هم آمدم به شما اطلاع[2] دهم که به آمدن شما نیازی نیست!

اختلاف رنگ

روزی مردی که موهایی مشکی و ریش سفید داشت وارد یک مجلس شد. از ملانصرالدین درباره اختلاف رنگ میان ریش و موهای آن مرد سوال کردند. ملا جواب داد: سیاهی موی سر و سفیدی ریش او نشان می‌دهد که مغزش کمتر از چانه‌اش[1] کار کرده است.

[1] **چانه:** chin

کتک زدن خر

یک روز ملانصرالدین خرش را به کتک می‌زد و رهگذری از آنجا می‌گذشت. رهگذر[1] از ملا پرسید: چرا خر را کتک می‌زنی؟

ملا گفت: ببخشید اگر می‌دانستم که با شما نسبتی دارد این کار را نمی‌کردم!

[1]رهگذر: passer-by

مرد مست

یک شب ملا به سمت خانه می‌رفت. در راه مرد مستی با او تصادف[1] کرد. ملا به او گفت: احمق مگر کور هستی که آدم به این بزرگی را نمی‌بینی؟ مرد مست گفت: به جای یکی دو تا می‌بینم. ملا گفت: خوب پس چرا با من تصادف می‌کنی؟ مرد مست گفت: چون من می‌خواستم از وسط شما دو نفر رد بشوم.

[1] **تصادف**: accident

دوری

روزی ملا کنار زنش نشسته بود. زنش به او گفت: اگر کمی دورتر از من بشینی بهتر خواهد بود.

ملا بلند شد را و به یک روستا دیگر رفت و از آنجا نامه‌ای برای زنش نوشت و از او پرسید: تا این اندازه دوری خوب است یا دورتر برم؟

آواز خواندن

ملا در صحرا با صدای بلند آواز[1] می‌خواند و می‌دوید. رهگذری از او پرسید: ملا چرا می‌دوی و می‌خوانی؟ ملا جواب داد: می‌گویند آواز من شنیدن از دور خوش است. می‌دوم تا آواز خود را از دور بشنوم.

---

[1]آواز: song

گناه ملا

ملا زن زشتی داشت. یک شب برای چند دقیقه به چهره زن خود خیره[1] شد. زن علت این کارش را پرسید. ملا در جواب گفت: امروز زن زیبایی را دیدم و هر چه سعی کردم نتوانستم به او نگاه نکنم. بنابراین امشب به خاطر اینکه گناهم بخشیده[2] شود دو برابر آن به تو نگاه می‌کنم.

---

[1]خیره شدن: to gaze
[2]بخشیدن: to forgive

خرما خوردن

ملا مقداری خرما خرید. او خرماها را با هسته [1]خورد. زنش که آن صحنه را دید پرسید: چرا خرما را با هسته می‌خوری. ملا گفت: مگر فروشنده خرماها را بدون هسته به من فروخته است که من هم آنها را بدون هسته بخورم.

[1]هسته: kernel

قصاص

دختری نزد ملا رفت و از جوانی شکایت کرد. دختر گفت که او را به زور بوسیده است. ملا گفت: نظر من قصاص[1] است. تو هم به زور او را ببوس.

---

[1] قصاص: nemesis

درخت گردو

روزی ملا زیر درخت گردو خوابیده بود. ناگهان گردویی به شدت به سرش برخورد کرد و سرش درد گرفت. اما ملا شروع کرد به شکر کردن خدا.

مردی از آنجا می‌گذشت به ملا گفت: چرا خدا را شکر می‌کنی تو که سرت درد گرفته است.

ملا گفت: تو نمی‌دانی. اگر به جای درخت گردو زیر درخت خربزه[1] خوابیده بودم اکنون زنده نبودم.

---

[1]خربزه: melon

جنازه و پسر ملا

روزی ملا و پسرش دیدند که عده‌ای جنازه‌ای[1] را با خود می‌برند. پسر ملا از پدرش پرسید: پدر این جنازه را کجا می‌برند؟

ملا گفت او را به جایی می‌برند که نه آب هست، نه نان هست و نه چیز دیگری.

پسر ملا گفت: فهمیدم او را به خانه ما می برند!

[1]جنازه: Corpse

لباس کثیف

از ملا پرسیدند لباست کثیف شده است چرا آن را نمی‌شویی؟ ملا گفت چون دوباره کثیف خواهد شد، چرا زحمت بیهوده[۱] بکشم.

گفتند: چه اشکال دارد دوباره هم خواهی شست.

ملا گفت: من که برای لباس شستن خلق[۲] نشده‌ام کارهای دیگری هم دارم.

---

[۱] **بیهوده:** vain

[۲] **خلق شدن:** be created

ملا در بیابان

ملا در بیابانی درحال رفتن بود. عده‌ای را دید که درحال خوردن غذا بودند. ملا هم رفت و در کنار آنها شروع به خوردن غذا کرد.

یکی از آنها از ملا پرسید: شما با کدام یک از ما آشنا هستی؟

ملا غذا را نشان داد و گفت: با ایشان.

ملا و شراب گرم

از ملانصرالدین پرسیدند: شراب گرم را چه می‌نامند؟ ملانصرالدین گفت: گرم شراب. باز پرسیدند: اگر سرد باشد چطور؟ ملا گفت: ما آن را زود می‌خوریم و نمی‌گذاریم که سرد شود.

شیرینی

روزی ملا از شهری می‌گذشت. ناگهان چشمش به مغازه شیرینی فروشی افتاد و به سمت شیرینی‌ها رفت و شروع کرد به خوردن.

شیرینی فروش عصبانی شد او را زد. اما ملا با صدای بلند می‌خندید و می‌گفت: عجب شهر خوبی است و چه مردم خوبی دارد. آنها با زور و کتک رهگذران را وادار[1] می‌کنند که شیرینی بخورند.

[1] وادار کردن: to force

مرکز زمین

یک روز شخصی قصد ملا را اذیت کند. از ملا پرسید: ملا مرکز زمین کجاست؟

ملا گفت: درست همین جا که ایستاده‌ای!

«از نظر علمی هم به علت اینکه زمین کروی[1] شکل است پاسخ او درست می‌باشد.»

---

[1]کروی: spherical

راضی نبودن از زن

ملا در سخنرانی خود به حضار گفت: هرکس از زن خود ناراضی[۱] است بلند شود.

همه‌ی مردم بلند شدند جز یک نفر.

ملا به آن مرد گفت: تو از زن خود راضی هستی؟

آن مرد گفت: نه، ولی زنم دست و پایم را شکسته است و نمی‌توانم بلند شوم!

[۱] **ناراضی**: dissatisfy

زن آبستن

زن ملا آبستن[1] بود ولی نمی‌زائید[2]. همه نگران شده بودند و به ملا گفتند

که راه‌حلی پیدا کند.

ملا بعد از فکر کردن چند عدد گردو به آنها داد و گفت: گردوها به زنم

بدهید تا جلوی خود بگذارد. مطمئن باشید بچه با دیدن آنها زودتر برای

گردو بازی بیرون خواهد آمد!

[1]آبستن: pregnant
[2]زاییدن: to farrow

گردنبند

ملا نصرالدین دو تا زن داشت و همیشه از درخواست‌های آن‌ها عذاب[1] می‌کشید. یک روز برای هر دوی آن‌ها دستبند خرید تا از غرغر[2] کردن-های آنها خلاص شود. چند روزی گذشت و هر دو زن پیش ملا آمدند و از او پرسیدند که کدام یک از ما را بیشتر دوست داری؟ ملانصرالدین جواب داد: به آن کسی که دستبند داده‌ام علاقه بیشتری دارم.

[1]عذاب کشیدن: To suffer

[2]غرغر: muttering

دوست ملا

روزی ملا با دوستش خورشت بادمجان می‌خورد ملا از او پرسید خورشت بادمجان چه جور غذایی است؟

دوست ملا گفت: غذای خیلی خوبی است و از آن تعریف کرد.

بعد از اینکه غذایشان را خوردند و سیر[1] شدند. ملا دل درد گرفت و شروع کرد به بدگویی[2] از بادمجان و از دوستش پرسید: خورشت بادمجان چگونه غذایی است؟

دوست ملا گفت: من دوست تو هستم نه دوست بادمجان به همین علت هر آنچه را که تو دوست داری برایت می‌گویم!

---

[1] سیر شدن: Full

[2] بدگویی: defamation

پرواز در آسمانها

مردی که تصور می‌کرد دانشمند است و در نجوم تبحر[1] دارد. این مرد یک روز به ملا گفت: تو خجالت نمی‌کشی همه مردم تو را مسخره می‌کنند اما من یک دانشمند هستم و هر شب در آسمانها گردش می‌کنم.

ملا گفت: آیا در این سفرها چیز نرمی به صورتت نخورده است؟

دانشمند گفت: بله.

ملا با تمسخر پاسخ داد: درست است همان چیز نرم دُمِ اُلاغ من بوده است!

---

[1]تبحر: conversance

لباس نو

روزی ملا به مجلس مهمانی رفته بود اما لباسش مناسب نبود به همین علت هیچکس به او احترام نگذاشت و به غذا و میوه تعارف[1] نکرد!

ملا به خانه رفت و لباس‌های خوب و زیبا پوشید. وقتی به مهمانی برگشت همه به او احترام گذاشتند. ملا هنگام صرف غذا به لباس‌های خود می‌گفت: بفرمایید این غذاها مال شما است اگر شما نبودید به من احترام نمی‌گذاشتند.

[1] **تعارف کرن:** to offer

گم شدن خر

یک روز ملانصرالدین خر خود را در جنگل گم می‌کند.

هنگام گشتن به دنبال آن خر یک گورخر [1] پیدا می‌کند.

ملا به گورخر می‌گوید: لباس ورزشی پوشیدی تا تو را نشناسم.

---

[1]گورخر: zebra

دیرباور

روزی یکی از همسایه‌های ملا خواست خر ملا را امانت[1] بگیرد.

به همین خاطر به در خانه ملا رفت.

ملانصرالدین گفت: خر ما در خانه نیست.

در همان لحظه خر شروع کرد به سروصدا[2] کردن.

همسایه گفت: شما که گفتید خر خانه نیست.

ملا عصبانی شد و گفت: عجب آدمی هستی. حرف من را قبول نداری ولی صدای خر را قبول داری.

---

[1]امانت: borrow

[2]سروصدا: noise

مهمان شدن ملانصرالدین

روزی ملانصرالدین به عده‌ای رسید که مشغول غذا خوردن بودند. رفت جلو و گفت: سلام ای انسان‌های خسیس.

یکی از آن‌ها گفت: چرا به ما خسیس می‌گویی؟ خدا می‌داند که هیچ یک از ما خسیس نیست.

ملانصرالدین گفت: پس من از حرفی که زدم توبه می‌کنم.

بعد ملا نشست در کنار آن‌ها و شروع کرد به غذا خوردن.

ملا و گوسفند

روزی ملا از بازار یک گوسفند خرید. در راه یک دزد طناب گوسفند را از گردن آن باز کرد و گوسفند را به دوستش داد. بعد دزد طناب را به گردن خود بست و به دنبال ملا رفت.

وقتی ملا به خانه رسید ناگهان دید که گوسفندش تبدیل[1] به جوانی شده است.

دزد به ملا گفت: من مادرم را اذیت کرده بودم او هم مرا نفرین[2] کرد و من تبدیل به گوسفند شدم. ولی چون صاحب من مرد خوبی بود دوباره به انسان تبدیل شدم.

---

[1]تبدیل شدن: to convert

[2]نفرین کردن: to curse

ملا او را آزاد کرد و گفت برو ولی دیگر مادرت را اذیت نکن!

روز بعد که ملا برای خرید به بازار رفته بود گوسفند خود را آنجا دید. ملا

جلو رفت و گوش گوسفند را گرفت و گفت: پسر احمق چرا مادرت را

ناراحت کردی؟

شکایت الاغ

روزی الاغِ ملانصرالدین به چراگاه[1] حاکم رفت. حاکم به قاضی شکایت کرد. قاضی ملا را احضار[2] کرد و گفت: ملا ماجرا را توضیح بده. ملا هم گفت: تصور کنید شما خر من هستید. من افسار به شما می‌بندم و شما حرکت می‌کنید. در بین راه سگ‌ها به شما پارس می‌کنند و شما فرار می‌- کنید و به طرف چراگاه حاکم می‌روید. حالا شما بگویید من مقصر هستم یا شما؟!!!

---

[1]چراگاه:pasture
[2]احضار کردن: call up

ملا و مگس

ملا در اتاق نشسته بود که مگسی مزاحم[1] او می‌شود. ملا مگس را می‌گیرد
و یک بال آن را می‌کَنَد. مگس کمی می‌پرد. ملا دوباره مگس را می‌گیرد و
بال دیگرش را هم می‌کَنَد. ملا به مگس می‌گوید بپر ولی مگس نمی‌پرد.
ملا با خود می‌گوید: اگر دو بال مگس را بِکَنید گوش او کر می‌شود.

---

[1]مزاحم: annoying

دو تا خر

یه روز ملانصرالدین و دوستش دوتا خر می‌خرند.

دوست ملا می‌گوید: چطور بفهمیم کدام یک از خرها مال من است و کدام
یک مال تو؟

ملا می‌گوید: من یه گوش خر خود رو می‌برم. آن که یک گوش دارد مال
من است و آن هم که دو گوش دارد مال تو!

فرداش میبینن خر ملا گوش آن یکی خره را به خاطر حسادت[1] خورده
است!!!

دوست ملا می‌گوید: حالا باید
چه کار کنیم؟ ملا می‌گوید:
من آن یکی گوش خر خود
را هم می‌برم!!!

فردا دوباره می‌بینند که خر
گوش آن یکی خر را هم
خورده است.

ملا می‌گوید: من دم خر خود
را می‌برم!

[1]حسادت: jealousy

فردا خر ملا دم آن یکی را از حسادت می‌خورد

دوست ملا با عصبانیت می‌گوید: حالا چه کار کنیم؟ ملانصرالدین هم می-

گوید: حالا خر سفید مال تو خر سیاه مال من.

تختخواب چهار نفره

زن ملا مرد و او با یک زن بیوه[۱] ازدواج کرد. زن همیشه از شوهر سابقش[۲] حرف می‌زد و ملا هم از زن سابقش.

یک شب ملا زنش را از روی تخت به پایین انداخت. زن با چشم کبود[۳] شده نزد پدرش رفت و از ملا شکایت کرد.

پدرِ زنِ ملا، او را صدا کرد و از او خواست درباره کارش توضیح بدهد.

ملا گفت: من بی‌تقصیر هستم. تخت ما دو نفره است اما ما چهار نفر هستیم. یعنی من و زن سابقم، دختر شما و شوهر سابقش. حالا هم چون روی تخت جا نبود او از روی تخت پایین افتاد.

---

[۱]**بیوه:** widow

[۲]**سابق:** former

[۳]**کبود:** livid

مریض شدن ملا

یک روز ملا مریض شد. چند نفر از دوستانش به دیدن او آمدند. چند ساعتی گذشت و قصد رفتن نداشتند. ملا که عصبانی شده بود، بلند شد و گفت: خداوند مریض شما را شفا[1] داد، بلند شوید و به خانه بروید.

---

[1] شفا دادن: to heal

عارف راستی

وقتی ملا پول نداشت دوستان ملا از او مهمانی خواستند. ملا هرچقدر تلاش[1] کرد که مهمانی ندهد آنها نپذیرفتند. ملا روز مهمانی برای صبحانه نان و ماست و خرما و پنیر و انگور تهیه[2] کرده بود. او به دوستانش اصرار می‌کرد که خجالت نکشید این غذا مال خودتان است.

دوستان از تعارف ملا خوشحال شدند و صبحانه را خوردند. دوستان ملا وقتی خواستند از خانه خارج شوند دیدند که کفش‌هایشان نیست. بآنها به ملا گفتند کفش‌های ما کجاست.

ملا به آنها گفت: نزد سمساری[1]. به یاد دارید که صبح به شما گفتم این غذا

مال خودتان است. من کفش‌های شما را فروختم و با آن برای شما غذا

خریدم. دوستان ملا که ناراحت بودند مجبور شدند به ملا پول بدهند تا او

هم کفش‌هایشان را از سمساری پس بگیرد.

_____

[1]سمساری: ragshop

دزد و ملا

روزی ملانصرالدین در فصل تابستان به مسجد رفت و پس از نماز در

گوشه ای از مسجد خوابید و کفش‌های خود را زیر سر گذاشت.

وقتی به خواب رفت و سرش تکان[1] خورد و کفش‌ها از زیر سرش خارج

شدند. دزد آمد و کفش‌ها را برداشت و برد.

وقتی ملا بیدار شد و کفش

ها را ندید فهمید آنها را

دزدیده‌اند. ملا برای فریب

دادن[2] و پیدا کردن دزد

فکری کرد.

[1] تکان خوردن: to shake

[2] فریب: deception

با خود گفت که لباس‌هایم را بیرون می‌آورم و آنها زیر سرم می‌گذارم و چشم‌هایم را می‌بندم.

وقتی که دزد آمد و خواست آنها را بردارد او را می‌گیرم. ملا این کار را انجام داد اما به خواب عمیقی[1] رفت. وقتی ملا بیدار شد دید لباس‌هایش را هم دزد برده است.

[1]عمیق: deep

قاچاق

در روستا شایع[۱] شده بود که ملا کار قاچاق[۲] انجام می‌دهد. اما هیچ کس نمی‌دانست، جنسی که او قاچاق می‌کند چیست.

این خبر به اطلاع پلیس روستا رسید. رئیس پلیس چند نفر را مامور[۳] کرد تا کالاهایی را که وارد یا خارج از روستا می‌شوند را بازرسی[۴] کنند.

اما هر بار که ملا باری به روستا می‌آورد ماموران چیزی در بار او پیدا نمی‌کردند. ملا همیشه باری که بر روی خرش گذاشته بود کم ارزش و با حجم زیاد بود مانند کاه و یونجه. ماموران یک روز بار او آتش زدند اما باز هم چیزی پیدا نکردند.

---

[۱]شایع: prevalent

[۲]قاچاق: contraband

[۳]مامور: officer

[۴]بازرسی: inspection

سالها بعد که رئیس پلیس روستا آبادی بازنشسته شده بود پیش ملا رفت و به او گفت:

«ملا، حالا که سال‌ها از آن ماجـرا می‌گذرد و من هم دیگـر مسئـولیتی ندارم، بگو آن جنسی تو قاچاق می‌کردی چه بـود که من هر چه گشتم نیافتم.» ملا لبخندی زد و گفت: «همنوعان[1] تو!»

مفهوم را حدس بزنید، که اگر در متوجه نشوید شما هم اجناس قاچاق خواهید بود.

همنوع: congener[1]

۱۰۵

ملا و ماهی

پدر ملا دو ماهی بزرگ و یک ماهی کوچک را به خانه آورد. ملا خانه نبود. مادر ملا گفت: قبل از آمدن ملا بهتر است ماهی را بخوریم. در همین لحظه ملا در زد. مادرش دو ماهی بزرگ را زیر تخت پنهان کرد. ملا هم از شکاف[1] در مادرش را دید.

وقتی در را باز کردند و ملا آمد پدرش از او پرسید: ملا تو حکایت یونس را می‌دانی؟ ملا گفت: بهتر است از این ماهی کوچک بپرسیم. ملا ر خود نزدیک ماهی کوچک برد و گفت: این ماهی می‌گوید در ان زمان من کوچک بودم و اطلاعی[2] ندارم بهتر است از دو ماهی بزرگی که زیر تخت هستند بپرسید.

---

[1]شکاف: gap

[2]اطلاع داشتن: to know

کلاغ و صابون

روزی زن ملا درحال شستن لباس بود که ناگهان کلاغی صابون را برداشت و بالای درخت برد. زن ملا، ملا را صدا زد و گفت: کلاغ صابون را برد. ملا گفت: می‌بینی که لباس بچه کلاغ از ما سیاه‌تر است، پس او بیشتر به این صابون نیاز دارد.

ملا و گدایی

ملانصرالدین هر روز در بازار گدایی می‌کرد و مرد هم او را اذیت می‌-
کردند. مردم دو سکه به او نشان می‌دادند، یکی از طلا[1] و دیگری از نقره[2].
اما ملانصرالدین همیشه سکه نقره را انتخاب[3] می‌کرد. این داستان در تمام
منطقه پخش شد. هر روز گروهی زن و مرد می‌آمدند و با این روش او را
دست اذیت می‌کردند. تا این که مرد مهربانی به نزد ملا آمد و گفت: هر
زمان که کسی دو سکه به تو نشان داد سکه طلا را بردار. اینگونه هم پول
بیشتری به دست می‌آوری و
هم تو را مسخره نمی‌کنند.

ملانصرالدین پاسخ داد: اگر
سکه طلا را بردارم دیگر
مردم به من پول نمی‌دهند
تا ثابت[4] کنند من احمق تر
از آنها هستم!!!

---

[1]طلا: gold
[2]نقره: silver
[3]انتخاب کردن: pick out
[4]ثابت کردن: to proving

بچه‌ی ملا

یک روز ملانصرالدین وارد اتاق بچه کوچکش شد و دید که او در حال گریه کردن است. ملا ناراحت شد و گفت: برای چه گریه می‌کنی؟ بچه ملا گفت: هیچی پدر تنها بودم و برای خودم قصه می‌گفتم ولی در قصه دیو بود. من ترسیدم که مرا بخورد.

وزن گربه

یک روز ملا سه کیلو گوشت خرید و به خانه برد که زنش غذا درست کند.
زن ملا گوشت را کباب کرد و با زن همسایه خوردند. وقتی ملا به خانه آمد
و غذا خواست، زنش گفت: من را ببخش گربه تمام گوشت‌ها را خورد. ملا
گربه را گرفت و در ترازو[1] گذاشت و دید سه کیلو است. بعد به زنش
گفت: این وزن سه کیلو گوشت، پس وزن گربه کجاست؟!

---

[1]ترازو: scale

ملا و معما

یک شخصی تخم مرغی را در دست خود پنهان کرد و از ملا پرسید: اگر گفتی در دست من چیست آن را به تو می‌دهم تا با آن خاگینه[1] درست کنی و بخوری. ملا گفت: من را راهنمای[2]ی کن. آن شخص گفت: اطرافش سفید و داخل آن سفیدی، زرد رنگ است. ملا پس از کمی فکر کردن گفت: فهمیدم، شلغمی است که درون آن را خالی کرده و در آن هویج گذاشته‌اند.

[1]خاگینه: نوعی غذا که تخم مرغ را در روغن سرخ می‌کنند.

[2]راهنمایی: guidance

به امید خدا

ملانصرالدین روزی به بازار رفت تا خر بخرد. مردی نزد او آمد و پرسید: ملا کجا می‌روی؟ ملا گفت: به بازار می‌روم تا یک خر بخرم.

مرد گفت: بگو به امید خدا. ملا گفت: چرا بگویم، خر در بازار است و پول آن در جیبم.

ملا وقتی به بازار رسید پولش را دزدیدند.

هنگام برگشتن، همان مرد را دید. مرد به ملا گفت: از کجا می‌آیی؟

ملا گفت: از بازار می‌آیم به امید خدا، پولم را دزدیدند به امید خدا، خر نخریدم به امید خدا.

آرایشگر و ملا

روزی ملا به آرایشگاه رفت. آرایشگر تازه‌کار بود و سر او را مدام[1] می-
برید و جایش پنبه می‌گذاشت.

ملا که عصبانی شده بود گفت: بس است, نصف سرم را پنبه کاشتی بقیه را
خودم کتان[2] می‌کارم.

---

[1]مدام: continual

[2]کتان: linen

ملا و زر

یک روز در کوچه کیسه¹ زر² ملا را دزدیدند. ملا فریاد زد: بردند ... کیسه‌ام را بردند.

عده‌ای نزد ملا آمدند و یک نفر از آنها گفت: دیدی چه کسی کیسه‌ات را دزدید؟ ملا گفت: بله. مرد گفت: بیا برویم و به قاضی شکایت کن.

ملا و مردم به نزد قاضی رفتند. ملا در آنجا یک مرد را دید و چند دقیقه‌ای او را نگاه کرد. قاضی آمد و گفت که این شخص که او را نگاه می‌کنی پاسبان³ است. بعد به ملا گفت برای چه کاری آمده است. ملا گفت من کاری ندارم و رفت. فردای آن روز ملا در کوچه فریاد زد: کیسه‌ام را یافتم.

مردم اطراف او جمع شدند و گفتند چگونه آن را یافتی.

---

¹کیسه: bag

²زر: gold

³پاسبان: constable

ملا گفت: در شهری که پاسبان دزد باشد و قاضی هم دوست دزد به چه

کسی می‌توانستم شکایت[1] کنم. من دیروز به خانه رفتم و دعا کردم که

کیسه ام را پیدا کنم. امروز پاسبان را در بیابان دیدم که از اسب افتاده

است و گردنش شکسته است. کیسه زر من هم به کمرش بسته بود من

هم کیسه را برداشتم و رفتم.

---

[1] شکایت کردن: to complain

لحاف ملا

ملا در یک شب سرد زمستان خوابیده بود که ناگهان سر و صدای زیادی از کوچه آمد. ملا برای این که ببیند چه خبر است، لحافش[1] را به دور خود پیچید و به کوچه رفت. دزدی که به خانه همسایه رفته بود وقتی همسایه بیدار شده بود در کوچه پنهان شده بود.

وقتی همسایه به داخل خانه بازگشت دزد ملا را دید و به سمت ملا رفت و لحاف او را دزدید و فرار کرد.

ملا به خانه بازگشت. زنش از او پرسید سر و صدا برای چه بود؟ ملا گفت: چیزی نبود دعوا به خاطر لحاف من بود!

---

[1]لحاف: quilt

غذای بد

یک روز ملا به مهمانی یک پادشاه رفت. پس از صرف غذا پادشاه از ملا پرسید: غذا چطور بود؟ ملا گفت: بسیار بد. پادشاه دستور[1] داد تا او را بزنند. ملا هم فریاد زد غذا یک بار بد بود. ولی اگر بار دیگر بخورم بسیار غذای لذیذی[2] خواهد بود. پادشاه او را بخشید و دستور داد تا به او دوباره غذا بدهند.

---

[1]دستور دادن: to order

[2]لذیذ: delicious

۱۱۷

ملا و ازدواج

ملا تصمیم داشت ازدواج کند. همسایه‌ها از زنی بسیار تعریف کردند. ملا هم زن را ندیده عاشق شد. سرانجام ملا با آن زن ازدواج کرد. شب بعد از عروسی ملا خربزه‌ای[1] خرید و به خانه آورد. زن که لوچ[2] بود، به او گفت که چرا اسراف کردی و دو خربزه خریدی؟ ملا فهمید چشم زن لوچ است. زن هنگام غذا خوردن به او گفت: این شخص که کنار شما نشسته کیست؟ ملا گفت هرچه را دو تا می‌بینی مهم نیست، خواهش می‌کنم من را دو تا نبین.

---

[1]خربزه: melon
[2]لوچ: squint

خورجین ملا

روزی خورجین[1] ملا را از روی الاغش دزدیدند. ملا هم تمام مردم روستا را جمع کرد و گفت: یا خورجین من را پیدا می‌کنید یا کاری که نباید را انجام می‌دهم. مردم با زحمت زیاد خورجین ملا را پیدا کردند و به او دادند. کدخدا از او پرسید: ملا، اگر خورجین پیدا نمی‌شد چه می‌کردی؟ ملا جواب داد: هیچ، یک گلیم را که در خانه دارم پاره می‌کردم و خورجین دیگری برای الاغم می‌دوختم!

---

[1]خورجین: saddlebag

ملا و سکه طلا

ملا سکه طلایی در دست داشت و مشغول بازی کردن با سکه بود. شخصی شنیده بود ملا مرد احمقی است نزد ملا آمد و گفت: اگر این سکه را به من بدهی در مقابل آن هشت سکه زرد مسی[۱] به تو می‌دهم.

ملا گفت: به شرطی اینکار را می‌کنم که تو سه بار مثل خر عرعر[۲] کنی.

آن شخص هم سه بار عرعر کرد.

ملا گفت: تو که خر هستی فرق طلا و سکه زرد را می‌فهمی اما من نمی‌فهمم که طلا را نباید با پول مسی عوض کنم ؟!!!

---

[۱] **مسی:** cupreous

[۲] **عرعر:** bray

دندان درد

دندان ملا درد می‌کرد. او نزد دندان‌پزشک رفت و گفت: دندان مرا بکش.
دندان‌پزشک گفت: ده تومان بده. ملا گفت: پنج تومان بیشتر نمی‌دهم،
دندان‌پزشک قبول نکرد. ملا مجبور شد و ده تومان داد و دندانی را که درد
نمی‌کرد را به دندان‌پزشک نشان داد. وقتی دندان‌پزشک دندان او را
کشید. ملا گفت اشتباه کردم آن یکی دندان درد می‌کرد. دندان‌پزشک
دندان دیگر هم کشید. بعد ملا به دندان‌پزشک گفت: من تو را فریب[1]
دادم و الان هر دندان همان
پنج تومان حساب شد.

---

[1] فریب: deception

عقل زن ملا

زن ملا تصور می‌کرد خیلی عاقل[1] است و همیشه نزد ملا از خود تعریف[2]

می‌کرد. یک روز زن ملا به او گفت: مردم راست می‌گویند که من دارای

عقل سالم[3] و درستی هستم. ملا جواب داد: درست گفته‌اند چون تو هرگز

از عقلت استفاده نمی‌کنی به همین دلیل سالم مانده است.

---

[1]عاقل: wise
[2]تعریف کردن: to define
[3]سالم: healthy

ملا و تغییر منزل

یک شب ملا در خانه خود خوابیده بود. دزدی وارد خانه او شد و اثاثیه [1] ملا

را که کم بود را جمع کرد و رفت. ملا نیز که دزد را دیده بود، رختخواب

خود را برداشت و به دنبال دزد رفت. وقتی دزد وارد خانه خود شد ملا را

را دید و گفت: تو اینجا چه کار می‌کنی؟ ملا گفت: هیچ، من منزلم را تغییر

دادم.

---

[1]اثاثیه: furniture

شخص دانا و ملا

شخصی که ادعا[1] می‌کرد بسیار دانا است در مجلسی سخنرانی می‌کرد. ملا هم در آن مجلس حضور[2] داشت. شخص بسیار از خود تعریف می‌کرد و ملا هم از تعریف‌های او کلافه[3] شده بود. ملا از شخص پرسید: دانش خود را از کجا یاد گرفته‌ای؟ آن مرد گفت: از کتاب‌های بسیاری که مطالعه کرده‌ام. ملا گفت: چند کتاب خوانده‌ای؟ آن شخص گفت: به اندازه موهای سرم. ملا که می‌دانست آن شخص کچل[4] است و حتی یک تار مو هم ندارد. یک ذره‌بین از جیب بیرون آورد. و ب کلاه شخص را از سرش برداشت و ذره‌بین را روی سر او گرفت. ملا بعد از چند لحظه‌ای گفت: دانش آقا هم معلوم شد چقدر است!!!

[1]ادعا کردن: to pray
[2]حضور داشتن: to be present
[3]کلافه شدن: to be confused
[4]کچل: bald

تنبیه ملا

ملانصرالدین را نزد پادشاه بردند تا او را تنبیه[1] کند. پادشاه گفت: او را ۲۰۰۰ ضربه شلاق[2] بزنید!!!

ملا گفت: تو یا شلاق نخورده‌ای یا حساب بلد نیستی.

[1]**تنبیه**: punishment

[2]**شلاق**: whip

درس عبرت و ملا

ملا به حمام عمومی رفته بود. خدمتکاران حمام به او توجه[1] نکردند و کاری برای او انجام ندادند. ملا وقت رفتن ده تومان به خدمتکاران انعام داد. خدمتکاران خیلی خوشحال شدند.

هفته بعد ملا دوباره به حمام رفت. خدمتکاران به او خیلی احترام گذاشتند و هرکاری که می‌خواست برایش انجام دادند. اما ملا هنگام رفتن به آنها یک تومان انعام[2] داد. خدمتکاران به او گفتند: چرا یک تومان انعام دادی؟ تو هفته گذشته ده تومان انعام داده بودی.

ملا گفت: مزد امروز حمام را آن روز و مزد آن روز را امروز پرداخت کردم.

---

[1] توجه کردن: to attention

[2] انعام: tip

ملا و حاکم

یک روز ملا گوسفندی برای حاکم شهر هدیه[1] برد. حاکم از این کار او خوشحال شد. حاکم دستور داد که به جای گوسفند به ملا یک خر هدیه بدهند. ملا به حاکم گفت: قربان شما خودتان بیشتر از صد خر برای ما ارزش دارید.

---

[1]هدیه دادن: gift giving

دکتر شدن ملا

روزی ملا گفت که پزشک است و هر بیماری‌ای را می‌تواند معالجه[1] کند.
شخصی را که موش را خورده بود پیش وی آوردند و گفتند چه کار کنیم
تا موش از گلویش خارج شود. ملا فکری کرد و گفت: یک گربه را در یک
کاسه آب حل[2] کنید و در دهانش بریزید. موش می‌ترسد و از گلوی او
خارج می‌شود.

---

[1] معالجه کردن: to cure
[2] حل کردن: to solve

راضی کردن زن‌ها

ملا دو زن داشت و سعی[1] می‌کرد هردو را راضی نگه دارد.

روزی یکی از زن‌ها از ملا پرسید: کدامیک از ما را بیشتر دوست داری؟

ملا گفت: هر دوی شما را یک اندازه دوست دارم.

اما زن‌ها رضایت ندادند و زن جوان‌تر پرسید: اگر روزی در هنگام قایق-سواری، ما زن‌ها در دریا بیافتیم شما کدامیک را اول نجات[2] می‌دهید؟

ملا کمی فکر کرد و به زن پیرتر گفت: فکر کنم شما کمی شنا بلد باشید.

[1]سعی کردن: to try

[2]نجات دادن: to save

عینک ملا

یک شب ملا پریشان[1] از خواب بیدار شد و فریاد زد: زن برو عینک من را

بیاور. زن وحشت‌زده[2] از جایش بلند شد و گفت: عینک برای چه می-

خواهی؟ ملا گفت: وقتی خواب بودم، به شهر دوری سفر کردم ولی بعضی

از نقاط شهر تاریک بود، نمی‌توانستم خوب آنجا را مشاهده[3] کنم. به همین

علت می‌خواهم عینک بزنم

تا بهتر بتوانم مشاهده کنم.

---

[1]پریشان: distracted

[2]وحشت زده: horrified

[3]مشاهده کردن: to observe

ملا و اسب

ملا برای مسابقات[1] اسب سواری رفته بود. در آنجا سوار بر اسب شد و
شروع کرد به رفتن. سرعت اسب زیاد بود و ملا لغزید[2] و به انتهای اسب
رسید! در همین لحظه ملا فریاد زد: این اسب تمام شد یک اسب دیگر
بیاورید.

---

[1]مسابقه: match
[2]لغزیدن: to slide

قضاوت ملا

دو نفر باهم شریک[1] شدند و یک شتر خریدند. یکی دو سوم قیمت و دیگری یک سوم قیمت آن را پرداخت. آنها قرار گذاشتند که منفعت[2] شتر را هم به نسبت سرمایه[3] قسمت کنند. یک روز شتر با بار در صحرا گرفتار سیل شد و مرد. در نتیجه بین دو نفر دعوا شد. صاحب دو سوم شتر که مرد ثروتمندی بود از شریک خود خسارت[4] می‌خواست. بلاخره هر دو به نزد ملا رفتند.

ملا پس از شنیدن صحبت-های هر دو گفت: سهم صاحبت دو سوم شتر بیشتر بوده و همان موجب سنگین شدن شتر شده است. بنابراین او باید خسارت طرف دیگر را پرداخت کند.

[1]شریک شدن: to partake

[2]منفعت: benefit

[3]سرمایه: capital

[4]خسارت: damage

ملا و آش

روزی عده‌ای از ملا پرسیدند: آش سرد شده به زبان عربی چه می‌شود؟
ملا چون نمی‌دانست پس از لحظه‌ای فکر کردن گفت: عرب ها هیچ وقت
نمی‌گذارند آش سرد شود.

ماست و ملا

ملا و دوستش یک کاسه ماست خریدند. آنها توافق[1] کردند تا با هم آن را
بخورند. دوست ملا که مرد زرنگی بود، خطی در وسط ماست کشید و آن
را به دو قسمت تقسیم[2] کرد و گفت: آن طرف خط مال تو و این طرف مال
من است. ملا گفت قبول دارم.

مرد زیرک گفت: من می‌-
خواهم سهم خودم را با شکر
مخلوط[3] کنم. ملا گفت:
ماست مایع است و بهتر
است شکر را با تمام ماست
مخلوط کنی تا هر دو
بخوریم.

---

[1]توافق کردن: to agreed
[2]تقسیم کردن: to divide
[3]مخلوط کردن: to mix

مرد زیرک گفت: نه چنین کاری نخواهم کرد. ملا که عصبانی شده بود،

قوطی روغن زیتون[1] را که در آن نزدیکی بود برداشت و در ماست خالی

کرد. دوستش فریاد زد: چرا این کار را می‌کنی؟ ملا گفت: من قسمت

خودم را با روغن مخلوط می‌کنم تو ناراحت نباش.

[1] روغن زیتون: olive oil

ملا و دیگ همسایه

روزی ملا به خانه همسایه رفت و از او درخواست یک دیگ[1] کرد. همسایه دیگ را داد.

بعد از چند روز بعد ملا دیگ را به همراه یک دیگ کوچک آورد.

همسایه با تعجب پرسید: که دیگ کوچک چیست؟

ملا پاسخ داد: دیگ تو یک دیگ دیگر زایید[2].

همسایه خوشحالی شد. چند روز بعد دوباره ملا به خانه همسایه رفت و یک دیگ را درخواست کرد. همسایه دیگ را به او داد. مدتی گذشت و ملا دیگ را نیاورد.

---

[1]دیگ: pot

[2]زاییدن: to calve

همسایه برای دریافت دیگ خود به خانه ملا رفت و دیگ خود را درخواست کرد. اما ملا با گریه پاسخ داد: دیگ مُرد. همسایه با تعجب پرسید: مگر دیگ می‌میرد؟

ملا گفت: این بار هم مانند بار قبل دیگ در حال زاییدن بود ولی درد زیاد داشت و مرد!!!

ملا و دود کباب

مرد فقیری از کنار رستورانی می‌گذشت. صاحب رستوران گوشت ها را در

سیخ کرده و به روی آتش گذاشته بود. بوی خوش گوشت سرخ شده در

فضا پیچیده بود. مرد فقیر چون گرسنه بود و پولی هم نداشت، نان خشکی

را بر روی دود کباب گرفت به دهان گذاشت. او به همین ترتیب چند تکه

نان خشک خورد. هنگامیکه خواست از آنجا برود صاحب رستوران به

سرعت آمد و دست او را

گرفت و گفت: کجا می-

روی؟ باید پول دود کباب را

که خورده‌ای بدهی.

ملا که در آنجا و ماجرا را دیده بود گفت: این مرد را رها کن من پول دود را به تو خواهم داد.

صاحب رستوران قبول کرد. وقتی مرد فقیر رفت ملا چند سکه بر روی زمین انداخت و گفت: این صدای پول دودی که آن مرد خورده است. بشمار[۱] و تحویل[۲] بگیر.

[۱]**شمردن:** to count

[۲]**تحویل گرفتن:** Take over

ملا و کلاغ

ملا جگر[1] گوسفندی خرید و به خانه برد. در بین راه کلاغی به او رسید و جگر را از دست او دزدید. ملا مدتی با حسرت[2] او را نگاه کرد. اتفاقا شخص دیگری که او هم جگر خریده بود از کنار او می‌گذشت. ملا جگر را از دست او دزدید و دوید تا به یک بلندی رسید. آن مرد او را تعقیب[3] کرد و جگر را از دستش گرفت و پرسید: چرا این کار را کردی؟ ملا داستان خود را تعریف کرد و گفت: خواستم بدانم کار کلاغ را من هم می- توانم انجام دهم یا نه.

---

[1]جگر: liver

[2]حسرت:

[3]تعقیب کردن: to divide

نامه برای ملا

ملا به شهر نزدیکی رفت و مدتی در آنجا ماند. یک روز نامه‌ای به خانواده‌ خود نوشت. ملا هر چه جستجو[1] کرد کسی را برای بردن آن نامه پیدا نکرد. بنابراین خودش نامه را برداشت و به شهر خود رفت. وقتی به خانه خود رسید زن و فرزندش بیرون آمدند از دیدن ملا خوشحال شدند. ملا به آنها گفت: من نیامده‌ام که اینجا بمانم بلکه برای رساندن این نامه آمده‌ام. سپس نامه را داد و برگشت.

---

[1]جستجو کردن: to search

۱۴۱

جنگ رفتن ملا

بین دو روستا جنگ شده بود. چند نفر از نیرومندترین پهلوانان[1] روستا جمع شدند و به جنگ رفتند. ملا نیز در بین پهلوانان بود. ملا یک سپر و یک شمشیر به دست داشت. بعد از چند روز ملا با سر کشسته و بدن زخمی به روستا بازگشت. مردم روستا از او پرسیدند چرا از خود دفاع[2] نکردی. ملا پاسخ داد: اگر شما در یک دستتان شمشیر و در دست دیگر سپر داشتید با کجای خود دفاع می‌کردید.

---

[1] پهلوان: champion

[2] دفاع کردن: to defend

درخت کاری ملا

ملا باغ کوچکی در کنار خانه‌اش داشت که در فصل بهار چندین درخت در آن می‌کاشت. اما وقتی هوا تاریک می‌شد درخت‌ها را از داخل زمین خارج می‌کرد و به خانه‌اش می‌برد. مردم که از این کار ملا تعجب کرده بودند به نزد او رفتند و علت کارش را پرسیدند.

ملا گفت: می‌دانید در این شهر مدتی است که دزد زیاد شده است و من برای آنکه آنها نتوانند درخت‌هائی را که کاشته‌ام را بدزدند، آنها را شب‌ها به خانه خود می‌برم.

ملا و گدا

گدایی هر روز به خانه ملا می‌آمد و تقاضای[1] کمک می‌کرد. بار اول و دوم و و سوم ملا به او کمک کرد. اما گدا دوباره می‌آمد. ملا دیگر کلافه شده بود. بنابراین نقشه‌ای کشید. یک روز وقتی گدا آمد و در زد ملا پرسید: کیست؟ گدا از پشت در گفت: مهمان خدا. ملا به دم در رفت و آن را باز کرد و گفت: بیا تا به تو کمک کنم. گدا خوشحال شد و به دنبال ملا به راه افتاد. ملا پس از گذشتن چند کوچه وارد مسجد شد و به مرد گدا گفت: تو اشتباهی به خانه من می‌-آمدی چون خانه خدا اینجا است و تو که مهمان خدا هستی باید به این مکان مراجعه[2] کنی.

---

[1] تقاضا کردن: to request

[2] مراجعه کردن: to refer

دزدیدن نان

پسر ملا در کنار جوی آب ایستاد بود و نان می‌خورد. تکه‌ای از نانش به جوی آب افتاد. نگاه کرده عکس خود را که نان در دهان داشت در جوی آب دید. نزد ملا رفت و گفت: پدر یک بچه در جوی آب نان من را گرفت. ملا گفت: صبر کن می‌روم از او می‌گیرم. ملا چون به کنار جوی آب رفت عکس خود را در آب دیده گفت: احمق با این سن خجالت نکشیدی نان بچه من را گرفتی.

اذیت کردن گدا

روزی ملا در طبقه دوم خانه بود که گدایی در خانه را زد. ملا از بالا پرسید: کیست؟ گدا گفت: بیایید پایین در را باز کنید.

ملا پایین رفت و در را باز کرد. دید گدا هست. گدا گفت: به خاطر خدا به من نان بدهید. ملا گفت: با من بیا بالا. مرد فقیر به دنبال ملا از پله ها بالا رفت. وقتی به طبقه دوم رسیدند ملا گفت: من چیزی ندارم به تو بدهم.

گدا گفت: تو که نمی‌خواستی چیزی به من بدهی چرا همان پایین به من نگفتی و از این همه پله من را بالا آوردی!؟ ملا گفت: تو که چیزی می‌خواستی چرا از همان پایین نگفتی و من را تا پایین آوردی؟!

مهمان ملا

روزی شخصی به خانه ملا آمد و مهمان او شد. ملا برای او غذا آورد و آن مرد بعد از خوردن غذا گفت: در شهر ما رسم است که پس از خوردن غذا مقداری هم میوه می‌خورند. ملا سرش را تکان داد و گفت: برعکس در شهر ما این کار بسیار بد و زشت است.

ملا و دزد

یک شب در فصل تابستان ملا با همسرش روی پشت‌بام خوابیده بودند. در همان موقع یک دزد به پشت بام آمد. ملا متوجه شد که دزد آمده است.ملا شروع کرد با همسرش صحبت کردن.

او به زنش گفت: دیشب از من نپرسیدی که نیمه شب چطور بدون صدا کردن تو با اینکه در پشت بام بسته بود داخل خانه آمدم. زن گفت: فراموش کردم بپرسم، چطور آمدی؟ ملا گفت: من چند بار اسم خدا را خواندم و پریدم در وسط خانه.

دزد که حرف‌های او را شنید تصمیم گرفت از ملا تقلید[1] کند. بنابراین

اسم خدا را چند بار خواند و پرید[2]. اما دزد به وسط خانه افتاد و پاهایش

شکست. زن صدای افتادن دزد را شنید و گفت: کیست؟ دزد گفت: عجله[3]

نکنید من چند روزی با پای شکسته مهمان شما خواهم بود.

[1]تقلید کردن: to imitate
[2]پریدن: to jump
[3]عجله کردن: hurry up

عزاداری جوجه ها

ملا مرغ بزرگی داشت که چند جوجه به دنیا آورده بود. یک روز مرغ مرد

و ملا پس از مردن مرغ چند تکه پارچه سیاه رنگ کوچک برداشت و به

گردن جوجه‌های مرغ انداخت. یکی از دوستانش که آن صحنه را دید،

پرسید: چرا این کار را انجام دادی؟ ملا گفت: مادر این جوجه‌ها مرده است

و آنها برای او عزادار[1]

هستند.

[1]عزادار: mourner

ملا و دَرِ مسجد

دَرِ خانه ملا را دزدان دزدیده بودند. ملا هم رفت در مسجد را کَند و به خانه آورد. شخصی از او پرسید: چرا این کار را کردی؟ ملا گفت: دَرِ خانه من را دزد برده و خداوند این دزد را می‌شناسد. خداوند دزد را به من بدهد و در خانه‌اش را پس بگیرد.

ملا و مرد دیوانه

روزی ملا از کنار حوض مسجد که پر از آب بود می‌گذشت. مردی را دید که در کنار حوض نشسته است و قوطی گوگردی[1] در دست دارد به زیر آب فرو برد و مشغول آتش کردن است.

ملا نزدیکتر رفت و پرسید: برادر چه کار می‌کنی؟ مرد دیوانه گفت: پولم در حوض افتاده است و چون پایین حوض تاریک است گوگرد روشن می‌کنم تا پولم را پیدا کنم. ملا لبخند زد و گفت: دیوانه هستی؟ خوب تو هر چقدر گوگرد را در زیر آب بخواهی روشن کنی روشن نخواهد شد.

---

[1]گوگرد: sulfur

دیوانه پرسید: خوب شما بگو چه کار باید بکنم تا داخل حوض روشن شود و بتوانم پولم را پیدا کنم. ملا گفت: تو باید گوگرد را خارج از آب روشن کنی و بعد از آن به داخل آب فرو ببری[1] تا بتوانی سکه را پیدا کنی.

[1] فرو بردن: to plunge

غیبگوئی و ملا

یک روز ملا مقداری زردآلو[1] از درختی چید[2] و در دستمال خود گذاشت و به سمت خانه‌اش می‌رفت. در راه چند نفر را دید که جمع شده‌اند و مشغول صحبت کردن هستند. ملا نزد آنها رفت و گفت: هرکس بگوید در دستمال من چه چیزی هست یکی از زردآلوهائی را که در آن گذاشته‌ام به او خواهم داد. یکی از مردان فکری کرد و گفت: ما ساده هستیم و غیبگوئی بلد نیستیم تا بدانیم داخل دستمال شما چیست.

---

[1] زردآلو: apricot

[2] چیدن: to pick

طمع ملا

ملا از کنار یک تالاب[1] می‌گذشت که ناگهان متوجه شد یک مرغابی[2] به هوا پرید. ملا بلافاصله دامن لباس‌اش را بالا گرفت و به دنبال مرغابی شروع به دویدن کرد.

چند نفری او را در آن حال دیدند و پرسیدند برای چه دنبال مرغابی می‌دوی.

ملا گفت: ممکن است مرغابی تخم بیندازد و چه بهتر که آن در دامن من بیفتد نه روی زمین.

---

[1]تالاب: lagoon

[2]مرغابی: duck

ملا و معلمی

مدتی بود که ملا به یک روستای می‌رفت و به بچه‌های روستا درس می‌داد.
ملا مسیر را تا روستا با خر می‌رفت. آخر ترم که شد ملا از مردم روستا
مزد خواست. مردم روستا به او گفتند: تو که انسان خوبی هستی مزد از ما
نگیر و برای راضی خدا کار کن. ملا گفت: من انسان خوبی هستم و مزد
خود را می‌بخشم اما خرم
چی؟ او که انسان خوبی
نیست.

ملا و آیندگان

ملا در باغ خود مشغول کاشتن نهال‌های[1] کوچک درخت بود. رهگذری از آنجا می‌گذشت از ملا پرسید: چرا این نهال‌ها را می‌کاری؟ تو مگر چند سال دیگر عمر می‌کنی؟

ملا گفت: ای نادان دیگران کاشتند و میوه آن را ما خوردیم ما هم می-کاریم تا آیندگان از آن استفاده[2] کنند.

[1]نهال: plant

[2]استفاده کردن: to use

ملا و قاضی

دو همسایه با هم کردند و به نزد قاضی رفتند. هر کدام از آنها ادعا می‌کرد که جسد سگ مرده که در کوچه افتاده است باید آن دیگری بردارد.

ملا هم در نزد قاضی بود. قاضی به ملا گفت: نظر شما چیست؟ ملا گفت: کوچه برای عموم[1] است و جسد سگ به هیچکدام از این دو نفر ربط[2] ندارد. این وظیفه قاضی است که باید سگ را از میان کوچه بردارد.

---

[1]عموم: public

[2]ربط داشتن: to relevance

ملا و رقابت زن‌ها

ملا نزد دوستش رفت و گفت: من خیلی برای تو ناراحت هستم. دوستش

پرسید: چرا؟ ملا جواب داد: امروز من به بازار رفتم و برای زنم جوراب و

پیراهن و کفش نو خریدم. دوستش گفت: به من چه ربطی دارد؟ ملا جواب

داد: زن من امروز با همان لباس‌ها به خانه شما خواهد و زن تو با دیدن

آنها حسادت[1] خواهد کرد.

[1]حسادت:jealousy

گریه و خنده

یک نفر قطب نمایی[1] پیدا کرده بود و چون نمی‌دانست آن چیست به نزد ملا آمد. شخص قطب نما را نشان ملا داد و پرسید این چیست؟ ملا نگاهی به قطب نما کرد و شروع کرد به گریه کردن. اما چند دقیقه بعد شروع کرد به خنده کردن. مرد با تعجب پرسید: برای چه گریه کردی و برای چه خندیدی؟ ملا گفت: گریه کردن برای این بود که تو نادان هستی و نمی‌دانی این چیز کوچک چه می‌باشد. خندیدن برای آن بود که وقتی خوب دقت کردم متوجه شدم که خودم هم نمی‌دانم این چیست.

---

[1]قطب نما: compass

ملا و فروش الاغ

روزی ملا تصمیم گرفت الاغش را به شهر ببرد و بفروشد. زنش وقتی این

تصمیم ملا را فهمید گفت: مگر دیوانه شده‌ای که الاغ را بفروشی. با چه

وسیله‌ای کار های خود را انجام خواهی داد. ملا لبخندی زد و گفت: نگران

نباش، من قیمتی به روی آن می‌گذارم که هیچ کس نتواند آن را بخرد.

ملا و تیراندازی

روزی بزرگان شهر با حاکم[1] در بیرون شهر به تیراندازی[2] مشغول بودند. حاکم دستور داد همه باید تیراندازی کنند و مهارت خود را نشان دهند. وقتی نوبت به ملا رسید، او تیری در کمان[3] گذاشت و رها کرد ولی به هدف نخورد. ملا گفت: پدرم اینگونه تیر می‌انداخت.

ملا بار دوم تیر انداخت و باز به هدف نخورد. گفت: برادرم اینگونه تیر می‌انداخت.

در بار سوم تیر به هدف خورد. ملا گفت: خودم همیشه اینگونه تیر می‌اندازم.

---

[1] حاکم: governor
[2] تیراندازی: archery
[3] کمان: bow

پیر شدن ملا

یک روز از ملا پرسیدند که چرا پیر شده است؟ ملا با تعجب گفت: که اشتباه می‌کنید زور من با جوانی‌ام فرق نکرده است. در زمان جوانی در خانه ما یک گلدان سنگی بود که نمی‌توانستم آن را بلند کنم اکنون هم که پیر شده‌ام نمی‌توانم.

سیلی خوردن ملا

یک روز ملا از کوچه‌ای عبور می‌کرد. یک مرد جلو امد و یک سیلی محکمی به گوش او زد. ملا با تعجب به آن مرد نگاه کرد. مرد بعد از کمی دقت متوجه شد که ملا را با شخص دیگری اشتباه گرفته است. مرد از ملا عذرخواهی کرد اما ملا راضی نشد.

ملا مرد را به نزد قاضی برد. قاضی به ملا گفت تو هم یک سیلی محکم به آن مرد بزن. اما ملا راضی نشد. قاضی به مرد گفت یک سکه طلا به ملا بدهید تا راضی شود. مرد هم گفت به خانه می‌رود و سکه را می‌آورد.

مدتی گذشت اما مرد بازنگشت. ملا که از انتظار خسته شده بود یک سیلی محکم به قاضی زد و گفت: اگر آن مرد بازگشت به جای این سیلی آن سکه را بگیرید.

راه‌حل ملا

یک روز گاوی برای خوردن آب سرش را داخل خمره[1] بزرگی که پر از آب بود کرد، اما دیگر نتوانست آن را از داخل خمره خارج کند. مردم به دور حیوان جمع شدند اما نتوانستند سر گاو را از خمره بیرون آورند.

ملا از آنجا می‌گذشت. مردم وقتی او را دیدند از او خواستند که یک راه-حل[2] پیدا کند. ملا گفت: سر گاو را ببرید. اگر گاو خفه شود گوشتش حرام می‌شود.

مردم سر گاو را بریدند اما سر گاو به داخل خمره رفت و دیگر بیرون نیامد.

---

[1]خمره: tun
[2]راه حل: solution

مردم از ملا پرسدند اکنون باید چه کار کنیم؟ ملا گفت: چاره‌ای[1] نیست

باید خمره را بشکنید و سر گاو را از داخلش بیرون بیاورید.

---

[1]چاره: remedy

احمق تر از ملا

از ملا پرسیدند: آیا احمق تر از خودت دیده ای؟

ملا گفت: «بله. یک روز نجاری را به خانه آوردم تا برای اتاقهایم در بسازد.

نجار متر با خود نداشت تا اندازه[1] در را بگیرد، این بود که دو دست خود

را به دو طرف دراز کرد و به این وسیله اندازه در را معین[2] کرد. او پس از

این کار به همان حالت از

خانه خارج شد و در راه

مراقب بود با کسی بر خورد

نکند. او در حالی که سرش

را بالا گرفته بود و به زیر

پایش توجه نداشت به طرف

مغازه رفت.

---

[1] اندازه: size

[2] معین کردن: to determine

در راه به داخل چاهی افتاد. اما چاه عمق زیادی نداشت. مردم در اطراف

چاه جمع شدند و گفتند دستت را بالا بیاور تا تو را از داخل چاه خارج کنیم.

اما مرد نجار گفت: دستم را نمی‌توانم بالا بیاورم چون اندازه در بهم می-

خورد، ریشم را بگیرید.»

دزدیدن خر ملا

خر ملا را یک شب از طویله[1] دزدیدند. روز بعد وقتی ملا فهمید شروع به جستجو کردن. او از همسایه‌ها می‌پرسید که آیا خرش را دیده‌اند یا نه؟ همسایه ها وقتی فهمیدند خر ملا را دزدیده‌اند ملا را سرزنش[2] کردند. یکی گفت چرا در طویله را باز گذاشتی. دیگری گفت چرا مواظب نبودی تا دزد نتواند خرت را ببرد. سومی گفت چرا نتوانستی از شنیدن صدای باز شدن در طویله بیدار شده و دزد را دستگیر کنی. ملا عصبانی شد و گفت: پس من گناهکار هستم و دزد حق داشته است خر را ببرد.

ملا در قبرستان

ملا به قبرستان رفته بود. او در کنار یک قبر نشسته بود و گریه می‌کرد. ملا
می‌گفت: چرا اینقدر زود رفتی؟ رهگذری از آنجا می‌گذشت. رهگذر از ملا
پرسید: این قبر متعلق به پسر شما است؟ ملا گفت: خیر، قبر شوهر اول
همسر من است که زود فوت کرده است. او با مرگش زندگی من را خراب
کرده است.

آتش روشن کردن ملا

یک روز وقتی زن ملا در خانه نبود او تصمیم گرفت به آشپزخانه برود و

خودش غذا درست کند. ملا به آشپزخانه رفت و هیزم را در داخل اجاق

ریخت اما هرچه تلاش کرد نتوانست آن را روشن کند. ملا فکر کرد که

این هیزم‌ها متوجه شده‌اند من زن خانه نیستم. به همین خاطر روشن نمی‌-

شوند.

ملا به اتاق رفت و روسری و

لباس همسرش را پوشید.

بعد از این کار هیزم‌ها

روشن شدند. در همان لحظه

همسر ملا به خانه بازگشت.

همسر ملا گفت: چرا روسری پوشیدی؟ ملا جواب داد: آرام باش من

هیزم‌ها را فریب داده‌ام. در همان لحظه جرقه‌ای پرید و بر روی لباس ملا

افتاد و آن را آتش زد. ملا فریاد زد: ای زن هیزم‌ها از حرف تو فهمیدند

که من فریبشان داده‌ام.

اشتهای ملا

روزی ملا به زنش گفت من به حمام می‌روم. برای صبحانه آش بپز. زن قبول کرد و ملا به حمام رفت. زن آش بسیار خوبی پخت اما چون آش بسیار خوشبو[1] و خوشمزه شده بود خودش شروع به خوردن کرد. پس از مدتی زن متوجه شد تمام آش‌ها را خورده است. او ظرف آش را پنهان کرد و منتظر[2] ملا ماند. سر انجام ملا از حمام برگشت و گفت که خیلی گرسنه است و از زنش خواست غذا را بیاورد. زن به ملا گفت: عزیزم تو حالا خسته ای و بهتر است استراحت کنی. ملا قبول کرد و به روی زمین دراز کشید و چون خسته بود خوابید. زن ملا مقداری از آش‌ها را که در ظرف باقی مانده بود دور دهان و ریش ملا مالید[3].

---

[1]خوشبو: rosy

[2]منتظر: waiting

[3]مالیدن: to rub

ملا از خواب بیدار شد و گفت: زن برو و آش را بیاور که خیلی گرسنه
هستم.

زن جواب داد: تو همین یک ساعت قبل که از حمام بازگشتی یک دیگ
آش را خوردی و هنوز هم آثار[1] آن بر دهانت باقی مانده است. ملا دستی
به روی دهان و ریش خود کشید و وقتی سبزی‌ها را دید با تعجب به زنش
گفت: عجیب است! چرا اینقدر گرسنه هستم؟ حتما اشتهایم زیاد شده
است.

آثار: Effects[1]

ملا و مهتاب

شبی ملا از کنار یک چاه عبور می‌کرد. ناگهان ملا عکس مهتاب را که داخل چاه بود، دید. ملا فکر کرد که مهتاب داخل چاه افتاده است و بهتر است به او کمک کند تا غرق نشود.

ملا طناب بزرگی آورد و به داخل چاه انداخت. سر طناب به یک سنگ گیر کرد. ملا فکر کرد طناب به مهتاب گیر کرده است. بنابراین شروع به کشیدن طناب کرد. اما طناب ناگهان رها شد و به روی زمین افتاد. در همان حال ناگهان ملا مهتاب را در آسمان دید و با خوشحالی گفت: بالاخره تو را نجات دادم.

بوقلمون و ملا

روزی ملانصرالدین از بازار رد می‌شد که دید عده ای برای خرید پرنده‌ی کوچکی تلاش می‌کنند و آن پرنده ده سکه طلا قیمت داشت. ملا با خودش گفت مثل اینکه مرغ خیلی گران شده است. سپس با عجله بوقلمون بزرگی گرفت و به بازار برد. دلال[1] بوقلمونِ ملا بررسی کرد و روی آن ده سکه‌ی نقره قیمت گذاشت. ملا خیلی ناراحت شد و گفت: بوقلمون من ده سکه نقره و آن پرنده کوچک ده سکه طلا؟

دلال گفت: آن پرنده‌ی کوچک طوطی است که می‌تواند یک ساعت مرتب هم حرف بزند. ملانصرالدین نگاهی انداخت به بوقلمون خود و گفت: اگر طوطی شما یک ساعت حرف می‌زند اما بوقلمون من دو ساعت تمام فکر می‌کند.

[1]دلال: broker

ملا و دخترش

ملا یک کوزه[1] به دخترش داد و سیلی[2] محکمی هم بر گونه او زد و گفت: به چشمه می‌روی و کوزه را پر از آب می‌کنی و میاوری. مبادا آن را بشکنی. زنش وقتی آن صحنه را دید و اشکهای دختر را مشاهده[3] کرد، از ملا پرسید: چرا او را زدی؟ ملا گفت: زن تو نادانی و چیزی نمیدانی. من این سیلی را به او زدم تا یادش باشد و کوزه را نشکند. چون اگر کوزه را به زمین می‌زد و می‌شکست آن وقت سیلی زدن به او فایده‌ای نداشت.

---

[1]کوزه: jug

[2]سیلی: slap

[3]مشاهده کردن: to observe

ملا و مرگ همسرش

زن ملا مرد. اما ملا ناراحت نشد. اما وقتی خر ملا مرد تا چند روز بسیار ناراحت و غمگین بود. دوستان ملا برای تسلیت نزد او رفتند و گفتند: خودت سالم باشی غصه مال را نخور؟ یکی دیگر گفت: تو همسرت فوت شد اما به این اندازه ناراحت نشدی، چرا برای خرت اینقدر ناراحتی؟ ملا گفت: وقتی همسرم فوت کرد همه به من تسلیت گفتند و گفتند برای تو بهتر از این پیدا می‌کنیم. اما وقتی خرم فوت کرد کسی همچین پیشنهادی نداد.

ازدواج کردن ملا

پس از مرگ زنش ملا چند نفر از همسایه ها را جمع کرد و از آنها خواهش کرد برای او همسری پیدا کنند که دارای چهار صفت[1] باشد: ۱. دختر باشد. ۲. پولدار باشد. ۳. زیبا باشد. ۴. خوش اخلاق باشد.

یکی از زنان همسایه گفت: ملا این صفت‌هایی که شما میخواهید در یک زن نمی‌شود پیدا کرد، بهتر است اجازه بدهید چهار زن برای شما بگیریم که هر یک دارای یکی از این صفت‌ها باشند. ملا جواب داد: اگر چه علاقه داشتم که چهار صفت در یک زن باشد ولی حالا مانعی ندارد. چهار زن تهیه کنید ولی سعی کنید هر یک در صفت خود بی‌نظیر باشد.

---

[1]صفت: attribute

ملا و سیاه پوست

ملا خدمتکار سیاه پوستی داشت که نامش عماد بود. روز عید ملا لباس نو پوشیده بود. او می‌خواست نامه‌ای به یکی از دوستانش بنویسدکه چند قطره از جوهر بر روی لباسش ریخت. وقتی به خانه رفت زنش ناراحت شد و گفت: تو ارزش لباس نو پوشیدن را نداری. ملا گفت: تو چرا علتش را نمی‌پرسی. زن پرسید: علت آن چیست؟ ملا گفت: امروز به خاطر عید عماد خواست دست من را ببوسد چون صورتش عرق کرده بود قطره‌های[۱] عرق[۲] او به روی لباسم چکید و لباس من را سیاه کرد.

[۱] **قطره:** drop

[۲] **عرق:** sweat

شجاعت ملا

حاکم میخواست شخص شجاعی[1] را به یک ماموریت[2] خطرناک بفرستد. کسی را پیدا نکرد. ملا گفت: من برای رفتن به این ماموریت حاضر هستم. حاکم تصور کرد ملا شوخی می‌کند. او به ملا گفت: باید شجاعت تو را امتحان کنیم.

بنابراین حاکم دستور داد او در جایی بایستد و دو دست خود را باز کند و به یکی از کمانداران[3] نامی گفت: میخواهم کلاه ملا را با تیر هدف بگیری.

[1]شجاع: brave

[2]ماموریت: mission

[3]کماندار: archer

تیرانداز کلاه ملا را سوراخ[1] کرد. ملا خیلی ترسید اما نشان نداد. بار دوم حاکم به تیرانداز دیگری دستور داد که لباس ملا را سوراخ کند. او هم تیر به لباس ملا زد و آن را سوراخ کرد. ملا خیلی ترسید. وقتی آزمایش ملا تمام شد، ملا نزد حاکم آمد. حاکم دستور داد یک کلاه و یک لباس جدید به ملا بدهند. ملا خوشحال شد و گفت یک شورت جدید هم به من بدهید. حاکم گفت آن که سوراخ نشده است. ملا گفت درست است اما خیس شده است.

[1] سوراخ: hole

ملا و صدای پول

دو برای قضاوت نزد ملا رفتند. یکی ادعا[1] کرد که این شخص در خواب بیست تومان از من گرفته است اما حالا پس نمی‌دهد. ملا به شخص گفت: بیست تومان بده. و پس از گرفتن پول آنها را به هم زده به صدا در آورد و با هر صدا می‌گفت: بگیر این یک، این دو... و به همین ترتیب تا بیست بار پول‌ها را به صدا درآورد و به مدعی گفت: طلبت را گرفتی می‌توانی بروی.

---

[1]ادعا کردن: to pray

ملا و دستمال

روزی ملانصرالدین دستمالش را گم کرده بود و گریه می کرد. دوستانش از او پرسیدند چرا گریه میکنی؟ ملا گفت: دستمالم را گم کرده‌ام!

دوستانش گفتند: دستمال گران قیمتی بود؟

ملا گفت: نه ولی زنم گفته بود سیب بخرم و من هم برای این که یادم نرود گوشه‌ی دستمال را گره زدم. حالا اگر از یاد برود چه کار کنم.

جنگ ملا

یک شب ملا وقتی خواست بخوابد شمشیر بلندی به کمرش بست. زنش پرسید: چرا چه هنگام خواب شمشیر می‌بندی؟ ملا گفت: شب گذشته در خواب با مردی دعوا[1] کردم و او برای من شمشیر کشید. چون من اسلحه نداشتم شکست خوردم. حالا من هم این شمشیر را به کمرم بسته‌ام تا اگر او را در خواب دیدم انتقام[2] بگیرم.

---

[1] دعوا کردن: to callet

[2] انتقام گرفتن: to wreak

عرعر کردن خر ملا

ملا مقداری پیاز برای فروش برداشت و با خر خود به بازار رفت. ولی هر بار که می‌خواست فریاد بزند و بگوید مردم پیاز می‌فروشم خرش شروع به عرعر کردن می‌کرد و نمی‌گذاشت ملا فریاد بزند. ملا چند بار خواست فریاد بزند ولی با عرعر خر مواجه شد. سرانجام ملا عصبانی شد و به خر خود گفت: آیا تو پیازها را می‌فروشی یا من؟

ملا و غاز یک پا

روزی ملانصرالدین غاز^۱ پخته‌ای برای حاکم شهر هدیه برد. اما در بین راه گرسنه می‌شود و یک ران^۲ غاز را خورد به بقیه بدن حیوان را برای حاکم برد.

حاکم وقتی غاز را با یک پا دید پرسید: خوب پس یک پای دیگر این حیوان کجاست؟ ملا گفت: در شهر ما غاز بیشتر از یک پا ندارد، اگر باور^۳ نمی‌کنی غاز هایی را که در کنار حوض منزل تان ایستاده اند مشاهده کنید.

حاکم به کنار پنجره آمد و دید چند غاز به روی یک پا ایستاده‌اند و به خواب رفته‌اند. ملا با خوشحالی گفت: غاز های این شهر بیشتر از یک پای ندارند.

^۱غاز: goose

^۲ران: thigh

^۳باور کردن: to believe

اما در همان وقت چند نفر از خدمتکاران با چوب به غازها زدند تا از آنجا به لانه‌های خود بروند و غاز ها با هر دو پای خود شروع به دویدن کردند. حاکم به ملا گفت: دیدی که تو دروغ می‌گفتی و غاز ها دو پا دارند. ملا فکری کرد و گفت: چوبی را که آنها نوش جان کردند اگر به بدن شما هم می‌زدند به جای دو پا چهار پا می‌شدی و فرار می‌کردی.

ملا و دستور فوری

ملا به روستایی رفت. او دید چند نفر در گوشه‌ای نشسته‌اند. ملا به آنها گفت: فوراً[1] برای من غذا بیاورید وگرنه کاری که با روستای قبلی کردم با شما هم خواهم کرد. آن چند نفر فوراً غذایی برایش حاضر کردند. پس از صرف غذا از ملا پرسیدند: با ان روستا چه کردی؟ ملا گفت: آنجا غذا خواستم ندادند من هم فوراً به این روستا آمدم.

بغداد و ملا

روزی مردی نزد ملا آمد و به او گفت: ملا خواهش می‌کنم نامه‌ای برای دوست من که در بغداد است بنویس. ملا گفت: من آنقدر کار دارم که دیگر فرصتی[1] برای رفتن به بغداد ندارم. مرد گفت: ملا من از شما نامه بنویسید نگفتم که به آنجا بروید. ملا لبخندی زد و گفت: می‌دانم و من هم به همین دلیل گفتم وقت ندارم به بغداد بروم چون خط من بد است. اگر نامه برای دوست تو بنویسم مجبورم خودم هم بروم تا در بغداد نامه را برای او بخوانم.

---

[1]فرصت: opportunity

ملا و بی‌خوابی

یک شب ملا نمی‌توانست بخوابد. به همین علت از خانه خارج شد و در کوچه‌ها قدم می‌زد.

یکی از دوستانش ملا را دید و از او پرسید: نیمه شب در کوچه ها چرا قدم می‌زنی؟

ملا گفت: خوابم پریده است دنبالش می‌گردم شاید پیدایش کنم!

ملای امانت دار

ملانصرالدین در بیابان نشسته بود و داشت مرغ بریانی[1] را می‌خورد. رهگذری به او رسید و گفت: ملا! اجازه بدهید[2] من هم بخورم. ملانصرالدین جواب داد: خیر اجازه نمی‌دهم چون این مرغ مال من نیست. رهگذر گفت: شما که خودتان مشغول خوردنش هستید. ملا گفت: درست است، ولی صاحب این مرغ آن را به من داده تا من آن را بخورم نه شخص دیگری.

---

[1]بریان: grill
[2]اجازه: permission

۱۹۳

ملا و سردرد

یک روز ملا نزد پزشک رفت و گفت: نصف قرص مسکن[1] برای من تجویز[2] کن.

پزشک پرسید: چرا نصف قرص؟

ملا گفت: آخر نصف سرم درد می‌کند.

---

[1]مسکن: housing
[2]تجویز کردن: to prescribe

ملا و نصیحت کردن

دختر ملا با یک مرد روستایی ازدواج کرده بود. شب عروسی عده‌ای از خویشاوندان[۱] داماد از روستا آمدند و دختر را سوار بر خر کردند با خود بردند. هنوز از خانه ملا دور نشده بودند که ناگهان ملا با عجله خود را به آنهارساند.

یکی از همراهان عروس از ملا پرسید چرا باعجله به اینجا آمدی؟ ملا گفت: باید دخترم را نصیحت[۲] می‌کردم ولی یادم رفت. و سرش را نزدیک به گوش او کرد و گفت: دخترم یادت باشد که هر وقت خواستی چیزی بدوزی پس از اینکه نخ را داخل سوزن کردی آخرش را گره بزنی وگرنه از سوراخ بیرون خواهد رفت.

[۱]خویشاوندان: kinsfolk

[۲]نصیحت کردن: to advise

ملا و آواز خوانی پسرش

پسر ملا در شب آواز می‌خواند. همسایه از پشت بام گفت: هنگام خواب است آواز نخوان. ملا گفت: شب و روز سگ های شما سروصدا می‌کنند من یک بار هم اعتراض نکردم شما نتوانستید چند دقیقه آواز خواندن پسر من را تحمل کنید.

شنا یاد دادن ملا

چند روز بود که از ملا خبری نبود و کسی او را در کوچه و بازار نمی‌دید. مردم که نگران شده بودند به خانه او رفتند و وقتی وارد شدند دیدند ملا در کنار حوض خانه ایستاده است و نخی به گردن مرغابی[1] بسته و آن را اینطرف و آنطرف می‌کشاند. دوستانش پرسیدند: ملا چند روز است از تو خبر نداریم کجا بودی؟ ملا به مرغابی داخل حوض اشاره[2] کرد و گفت: چیزی نیست دوستان مادر این مرغابی چند روز قبل مرده است و من برای این که شنا یادش بدهم مجبور[3] شدم در خانه بمانم. چون میترسم اگر شنا بلد نباشد یک روز وقتی من نیستم در حوض آب بیافتد و بمیرد.

---

[1]مرغابی: duck

[2]اشراه کردن: to point

[3]مجبور شدن:To be forced to

ملا و مرد خسیس

ملانصرالدین در خانه نشسته بود و به خدا می‌گفت خدایا به من هزار تومان به من پول بده حتی ۹۹۹ تا هم قبول نیست. همسایه ملا که مرد خسیسی [1] بود با شنیدن حرف ملا ۹۹۹ تا سکه را داخل یک کیسه می‌ریزد و از سوراخ داخل اتاق می‌اندازد جلوی ملا. ملانصرالدین سکه ها را می شمارد و می بیند ۹۹۹ تا هست. ملا می‌گوید خدایا شکرت این هم قبول هست.

مرد خسیس به خانه ملا می‌رود و می‌گوید سکه‌های من را بده. ملا می‌گوید کدام سکه‌ها. مرد خسیس ملا را نزد قاضی می‌برد.

---

[1] خسیس: stingy

ملا در راه می‌گوید من با این لباس نزد قاضی نمی‌آیم. مرد خسیس به ملا یک لباس خوب می‌دهد. آنها وقتی به نطد قاضی می‌روند: ملا به قاضی می- گوید آقای قاضی به حرفهای او گوش نکنید کم کم ادعا می‌کند لباس تنم هم مال او است. مرد خسیس می‌گوید مشخص است که مال من است. قاضی که این حرف مرد خسیس را شنید به نفع[1] ملا رای[2] داد.

[1] **نفع**: profit

[2] **رای دادن**: to vote

احوال پرسی ملا

ملا به عیادت[1] بیماری رفت تا از او احوال‌پرسی کند. مریض در جواب ملا که از حالش پرسیده بود گفت: تب[2] شدیدی داشتم و گردنم هم درد می- کرد ولی خدا را شکر تب دو روز است که شکسته است اما گردنم دو روز است درد می‌کند. ملا فکری کرد و گفت: غصه نخور من دعا می‌کنم آن هم تا دو روز دیگر بشکند.

---

[1]عیادت: visit

[2]تب: fever

۲۰۰

ملا و زن کامل

ملا نصر الدین با دوستش صحبت می کرد.

دوست ملا گفت: خوب! ملا هیچ وقت به ازدواج فکر کرده‌ای؟

ملا نصر الدین پاسخ داد: جوان که بودم تصمیم گرفتم زن کاملی را پیدا
کنم. از صحرا گذشتم و به دمشق رفتم و با زن زیبایی آشنا شدم. اما او از
دنیا بی‌خبر بود. بعد به اصفهان رفتم، آنجا هم با زنی آشنا شدم که
معلومات[1] زیادی درباره آسمان و زمین داشت اما زیبا نبود. به قاهره رفتم
و نزدیک بود با دختر زیبا و باتحصیلات بالا ازدواج کنم.

دوستش گفت: پس چرا با او
ازدواج نکردی؟

ملا گفت:آه رفیق! متاسفانه
او هم دنبال مرد کاملی می-
گشت!!

[1]معلومات: information

ملا و مرتاض

ملا نصرالدین از جلو غاری[1] می‌گذشت. درون غار مرتاضی[2] را دید و از او پرسید دنبال چه می‌گردد.

مرتاض گفت: بر روی حیوانات مطالعه می‌کنم، از آن‌ها درس‌های زیادی می‌گیرم.

ملا نصرالدین پاسخ داد: در گذشته یک ماهی جان من را نجات داده است. اگر هرچه را که می‌دانی به من بگویی، من هم ماجرای ماهی را برایت می‌گویم.

مرتاض گفت: این اتفاق فقط می‌تواند برای یک قدیس[3] رخ بدهد.

بنابراین هرچه را که می‌دانست به او گفت.

[1]غار: cave
[2]مرتاض: ascetic
[3]قدیس: saint

مرتاض گفت: حالا که همه چیز را به تو گفتم، خوشحال می شوم که بدانم چگونه یک ماهی جان شما را نجات داد؟!

ملا نصرالدین پاسخ داد: خیلی ساده! موقع قحطی[1] داشتم از گرسنگی می مردم و به لطف آن ماهی توانستم سه روز دیگر زنده بمانم.

[1] **قحطی**: famine

سطل آب

روزی ملا با سطل[1] مشغول بیرون آوردن آب از چاه بود. اما سطل او به درون چاه افتاد.

ملا در کنار چاه نشست. شخصی که از آنجا عبور می‌کرد از او پرسید: ملا چرا اینجا نشسته‌ای؟!

ملا گفت: سطلم درون چاه افتاده است نشسته‌ام تا از چاه بیرون بیاید!

---

[1]سطل: bucket

مادرزن

ملا شنید که مادر زنش درون آب افتاده است و او را آب برده است. ملا برعکس[1] جهت رودخانه شروع به شنا کردن کرد!

با تعجب از او پرسیدند چرا خلاف جهت آب به دنبال مادر زنت می-گردی؟

ملا گفت: چون که همه کارهای او برعکس بود احتمال می‌دهم که جنازه اش را هم آب برعکس برده باشد!

---

[1]برعکس: vice versa

مرگ

روزی ملا مریض شده بود و فکر می‌کرد که خواهد مرد. به همین علت زنش را صدا زد و گفت: برو بهترین لباس را بپوش و آرایش کن!

زن که ناراحت بود فکر کرد ملا می‌خواهد آخرین حرف‌هایش را به او بزند بنابراین گفت: مگر من زن بی‌وفایی[۱] هستم که بخواهم در موقع مردن شوهرم خودم را آرایش کنم؟

ملا به او گفت: نه منظورم چیز دیگری است من می خواهم که اگر عزرائیل[۲] سراغ من آمد تو را زیبا ببیند و جان من را نگیرد!

---

[۱] بی‌وفا: unfaithful

[۲] عزرائیل: Azriel

ملانصرالدین و سبد انگور

روزی ملانصرالدین یک سبد انگور روی خرش گذاشته بود و به شهری رفت. چند جوان به او گفتند: ملا به ما انگور نمی‌دهی؟ وقتی ملا جمعیت را دید، فکر کرد اگر به هر کدام یک خوشه[1] انگور بدهد، دیگر چیزی در سبد باقی نمی‌ماند تا به خانه ببرد. پس یک خوشه بیرون آورده و به هر نفر یک حبه انگور داد و گفت: مزه یک حبه[2] انگور با یک خوشه انگور تفاوتی ندارد.

[1]خوشه: cluster

[2]حبه: berry

ملانصرالیدن و سخنرانی کردن

روزی ملا بالای منبر رفت و گفت: مردم می‌دانید چه می‌خواهم بگویم.

حضار[1] جواب دادند: نه نمی‌دانیم. ملا از منبر پایین آمد و گفت: من به شما

که نادان هستید چه بگویم این را گفت و رفت. فردای آن روز دوباره به

بالای منبر رفت و سئوال روز گذشته را تکرار کرد. مردم پس از مشورت

با یکدیگر همه پاسخ دادند:

آری می‌دانیم که چه می-

خواهی بگویی.

ملا گفت: اکنون که خودتان

می‌دانید پس لازم نیست من

بگویم.

[1]حضار: audience

سومین روز باز ملا بالای منبر رفت و همان سئوال را تکرار کرد. بعضی گفتند ما نمی‌دانیم و بعضی دیگر اظهار کردند می‌دانیم.

ملا گفت: بسیار خوب حالا آنهایی که می‌دانند به آنان که نمی‌دانند یاد دهند.

به امید خدا

روزی همسر ملانصرالدین از او پرسید: فردا چه می‌کنی؟

ملا گفت: اگر هوا آفتابی باشد به مزرعه می‌روم و اگر بارانی باشد به کوهستان می‌روم و علوفه[1] جمع می‌کنم.

همسرش گفت: بگو به امید خدا.

ملا گفت: لازم نیست، فردا یا هوا آفتابی است یا بارانی.

فردا در میان راه راهزنان به ملا برخورد کردند و او را کتک زدند.

ملانصرالدین نه به مزرعه رسید و نه به کوهستان و مجبور شد به خانه بازگردد.

همسرش گفت: کیست؟

او جواب داد: به امید خدا من هستم.

_____

[1]علوفه: forage

۲۱۰

خریدن کفش

ملانصرالدین برای خرید کفش نو به بازار رفت. در بازار کفش فروشان انواع مختلفی از کفش ها وجود داشت که او می توانست هر کدام را که می خواهد انتخاب کند. ملا یکی یکی کفش‌ها را امتحان کرد. اما هیچ کدام نپسندید[۱]. هر کدام را که می‌پوشید می‌گفت ایراد[۲] دارد.

ملا دیگر داشت از خریدن کفش ناامید م شد که ناگهان متوجه‌ی یک جفت کفش زیبا شد. آن‌ها را پوشید. دید کفش‌ها خیلی برایش مناسب هستند.

---

[۱]پسندیدن: to accept

[۲]ایراد: objection

چند قدمی در مغازه راه رفت و احساس رضایت کرد.

بالاخره تصمیم خود را گرفت که این کفش‌ها را بخرد. از فروشنده پرسید:

قیمت این یک جفت کفش چقدر است؟ فروشنده جواب داد: این کفش‌ها

قیمتی ندارند. ملا گفت: چه طور چنین چیزی ممکن است؟ فروشنده گفت:

این کفش‌ها واقعا قیمتی ندارند، چون کفش‌های خودتان است که هنگام

وارد شدن پوشیده بودید.

مجازات ملا

روزی ملانصرالدین کار خطایی انجام می‌دهد. او را نزد پادشاه می‌برند تا
مجازاتش را تعیین کند.

پادشاه برایش حکم مرگ صادر می کند. اما به او می‌گوید اگر بتوانی در
مدت سه سال به خرت سواد خواندن و نوشتن یاد بدهی از مجازاتت می-
گذرم.

ملانصرالدین هم قبول می کند و ماموران حاکم او را آزاد می‌کنند. دوستان
ملا به او می‌گویند: تو چگونه می‌توانی به یک الاغ خواندن و نوشتن یاد
بدهی؟

ملانصرالدین می‌گوید:
امیدوارم در این سه سال یا
شاه بمیرد یا خرم!

خجالت کشیدن ملا

یک شب دزدی به خانه ملا آمد. ملا تا او را دید در داخل صندوق[۱] پنهان شد. دزد مشغول جستجو شد اما چیزی پیدا نکرد. او با خود فکر کرد حتما اشیای باارزش[۲] را داخل صندوق پنهان کرده‌اند.

او به طرف صندوق رفت و درش را باز کرد ولی ناگهان ملا را دید و ترسید. ملا گفت: شما اینجا بودید؟ ملا گفت: چون چیز با ارزشی در خانه نداشتیم از شما خجالت[۳] کشیدم و در اینجا پنهان شدم.

---

[۱]صندوق: cash desk

[۲]باارزش: valuable

[۳]خجالت: shame

واژگان

Vocabulary

ابر: Cloud

ابریشم: Silk

اثاثیه: furniture

اثاثیه: furniture

اجازه: permission

اجاق: Stove

احترام: Respect

احساس:Feeling

احضار کردن: call up

احضار کردن: call up

احمق: Stupid

ادرار : Urine

ادعا کردن: to pray

اذیت کردن: to offend

ارزش: value

اره: saw

ازدواج: Marriage

اسب: Horse

استخوان: bone

استراحت: Rest

استفاده کردن: to use

اسکناس: Bill

اسیر: Captive

اشتباه: Mistake

اشتها: Appetite

اشراه کردن: to point

اشک: Tear

اشکال: difficulty

اصرار کردن: to insist

اضافی: Additional

اطلاع داشتن: to know

اعدام: Death

اعدامی: Execution

اعظم: Major

الاغ: donkey

افاده: snobbery

افتادن: Fall

افسار: Tether

افسانه: Myth

افسوس: Alas

افق:Horizon

اقاقی: Acacias

امانت: borrow

امانت: borrow

امن: Secure

امنیت: security

آرایشگاه: Hairdresser's

آرایشگر: hair stylist

آرزو: Wish

آشپزخانه:Kitchen

آشتی: Reconciliation

آشنایی: Trading

آشیان: nest

آغوش: Arms

آلایش: contamination

آواره: adrift

آواز: song

آواز: song

آویزان: hanging

آهو: defect

آیه: Verse

آیینه: Mirror

با اصالت: Authenticity

باارزش: valuable

باانصاف: equitable

باختن: Shut out

بادمجان: Eggplant

باز کردن: opening

بازار: Market

انتخاب کردن: pick out

انتخاب کردن: pick out

انتظار: Expectation

انتقام گرفتن: to wreak

انجمن: association

اندازه: size

اندوه: grief

اندیشه: Thought

انعام: tip

انگشت: Finger

انگشتر: ring

انگور: Grape

اهرمن: demon

ایام:time

ایثار: sacrifice

[1]ایراد: objection

ایزدی: divine

ایوان: porch

ایل: Tribe

آبادی: village

آبستن: pregnant

آتش زدن: To fire

آثار: Effects

بریان: grill

بریدن: to cut

بزرگ شدن: Grow up

بزم: banquet

بس: end

بستر: Bed

بغض: Hatred

بغل کردن

بلا: Disaster

بلبل: Nightingale

بلد بودن: To know

بلد بودن: To know

بلیط: Ticket

بمب: Bomb

بمبافکن: Bomber

بنازم: acclaim

بنفشه: Violet

بوسه: Kiss

بومی: Native

به یاد آوردن: to remember

بهانه: excuse

بهر: because of

بهشت: paradise

بازرسی: inspection

بازگشتن: Return

بازی: play

باغچه: Garden

باقی ماندن: to remain

بال: Wing

باور کردن: to believe

بخار: Steam

بخت: Fortune

بخشیدن: to forgive

بَدان: evils

بدگویی: defamation

بدهی: Debt

برجسته: highlight

برداشتن: picking up

برعکس: vice versa

برفروزم: light

برکه: pool

برگ ریزان: autumn

برگشتن: To Return

برنده: Winner

بره: lamb

برهنه: Nude

پارچه: Cloth
پارس کردن: To Barking
پاره کردن: to rip
پاسبان: constable
پاک کردن: clean
پاک: pure
پاینده: lasting
پاییز: Fall
پَر: Full
پرافاده: Snobby
پرنده: Bird
پری: Fairy
پریدن: to jump
پریزاد: Parizad
پریشان: distracted
پژمردن: Blight
پس گرفتن: to take back
پسندیدن: to accept
پشت بام: roof top
پشیمان: Sorry
پنبه: cotton
پنجره: window
پنهان: Hidden

بی تاب: Impatient
بی رحم: oppressor
بی رنگ: Colorless
بی ریا: unaffected
بی علاج: bootless
بیابان: desert
بیات: stale bread
بی‌ثمر: fruitless
بیچاره: hapless
بیچاره: hapless
بی‌خبر: Unaware
بیداد: Injustice
بیرون: outside
بی‌فرهنگی: Philistinism
بیگانه: alien
بی‌نهایت: unlimited
بی‌وفا: unfaithful
بیوه: widow
بیوه: widow
بیهوده: vain
بی انتها: Endless
بی‌اختیار: Involuntary
پادشاه: King

تباهی: ruin

تبحر: conversance

تبحر: conversance

تبدیل شدن: to convert

تبدیل شدن: to convert

تبلور: advent

تپش: Beat

تجویز کردن: to prescribe

تحویل گرفتن: Take over

تخته سیاه: black board

ترازو: scale

ترانه ساز: Lyricist

ترانه: Song

تردید: doubt

ترک کردن: abandon

ترمه: Cashmere

تشنه: Thirsty

تصادف: accident

تصمیم گرفتن: To Decide

تصویر: Image

تعارف کرن: to offer

تعبیر: Interpretation

تعریف کردن: to define

پوچ: Empty

پوست: Skin

پوشالی: Chaffy

پوشیدن: To Wear

پول: Money

پهلوان: champion

پیدا کردن: to find

پیر: Old

پیشنهاد: offer

پیشه: profession

پیکر: figure

پیوستن: Join

تابستان: summer

تابوت: coffin

تابوت: Coffin

تاج: Crown

تار: Dark

تازه: New

تازه‌کار: newcomer

تالاب: lagoon

تاول: blister

تب: fever

تبار: pedigree

تند: Fast

تنها: single

توافق کردن: to agreed

توجه کردن: to attention

توضیح: Explanation

توفان: Storm

تهیه کردن: to provide

تیراندازی: archery

تیره: Dark

ثابت کردن: to proving

ثروتمند: Wealthy

ثمر: fruit

جادوگر: Magician

جانگداز: piteous

جانماز: Prayer Mats

جاودان: Everlasting

جدا شدن: separate

جدال: Controversy

جرم: Crime

جریمه: penalty

جزیره: island

جستجو کردن: to search

جشن: Celebration

تعقیب کردن: to follow

تفسیر: Commentary

تفنگ: gun

تقاضا کردن: to request

تقدیر: fate

تقسیم کردن: to divide

تقصیر: Fault

تقلید کردن: to imitate

تک: Single

تکان خوردن: to shake

تکرار: Repeat

تکلیف: Task

تکیه گاه: support

تلاش: effort

تلخ: Bitter

التماس: appeal

تماشا: Viewing

تمسخر: Ridicule

تمنا: request

تن: Ton

تناور: stout

تنبیه: punishment

تن‌پوش: Clothing

جفا: anguish

جفت: pair

جگر: Liver

جمعیت: population

جنازه: corpse

جنازه: Corpse

جنگ: War

جنگل: Jungle

جوان: young

جوانه: bud

جوانی: Youth

جوجه: Chick

جور: oppression

جوی: gutter

جوید: search

چاره: remedy

چاره: remedy

چاقو: Knife

چاله: Pit

چانه: chin

چانه: chin

چراغ: lamp

چراگاه:pasture

چراگاه:pasture

چرخاندن: to rotate

چشمه: Fountain

چشیدن: to taste

چغندر: Beet

چکیدن: to drip

چهره: Face

چیدن: pick

حاکم: Governor

حامله: pregnant

حبه: berry

حدیث: Hadith

حراج: on sale

حرمت: Sanctity

حریر: Silk

حساب: Account

حسادت: jealousy

حسرت: Regret

حصار: Fence

حضار: audience

حضور داشتن: to be present

حقیقت:Truth

حک کردن: Carve

خرم: Stalk

خرما: Date

خروس: Rooster

خریدن: to buy

خزان: autumn

خسارت: damage

خستگی: Fatigue

خسیس: stingy

خشکید: dried

خفتن: Sleep

خفه شدن: Smother

خلق شدن: be created

خلیج: Gulf

خمره: tun

خمیازه: yawning

خنجر: Dirk

خندان:Smiley

خواب آلوده: Sleepy

خودخواهی: egoism

خودسوزی: Self-Immolation

خورجین: saddlebag

خوردن: To Eat

خوش باور: credulous

حکایت: Story

حل کردن: to solve

حلوا: Halva

حماسه: epic

حمام: Bathroom

حمله کردن: to attack

حوض: Pool

حیف: injustice

حیوان: animal

خاتون: Lady

خار و خس: combed

خارج شدن: To Exit

خاطره: memory

خاکستری:Gray

خالق: Mole

خالی: Empty

خبر: News

خجالت: shame

خدمتکار: Maid

خر: Donkey

خرابات: Tavern

خربزه: melon

خرد کردن: to grind

خوش: good

خوشبخت: lucky

خوشه: cluster

خون: Blood

خویشاوندان: kinsfolk

خیال: Fiction

خیره شدن: to gaze

خیس: wet

خیمه: tent

داد: cry

دارو: medicine

داغ: Hot

دامان: Lap

دانستن: to know

دانشمند: Scientist

دانه: Seed

دائم: always

دخیل: refuge

در به در: adrift

در عوض

دُر: Gem

دراز: long

درخواست: applying for

درد: pain

دردانه: minion

درس دادن: To teach

درو: harvest

دروازه: Gate

دریچه: Window

دریغ: Woe

دزد: thief

دزدیدن: Steal

دستبند: a bracelet

دستگیر کردن: Arrested

دستمال: Napkin

دستور دادن: to order

دشت: Plain

دشخیمان: Executioner

دشمن: Enemy

دشوار: Difficult

دعا: Prayer

دعوا کردن: to callet

دعوت کردن: to invite

دغدغه: Concern

دفاع کردن: to defend

دفن: burial

رای دادن: to vote
ربط داشتن: to relevance
رخت: clothes
رخوت: lassitude
رد کردن: to pass
رساندن: to deliver
رستوران: Restaurant
رسوا: infamous
رعنا: beautiful
رفیق: comrade
رگ: vessel
رگبار: Shower
رنج: Pain
رنگین کمان: rainbow
رودخانه: river
روزگار: Time
روزنامه: Newspaper
روستا: Village
روشن کردن: to bright
روشن: Bright
روشنایی: Lighting
روغن زیتون: olive oil
رویا: Dream

دل بریدن: Dissever
دل بستن: Fall in love
دل درد: stomach ache
دلال: broker
دلتنگ: depressed
دلتنگی: gloom
دلداری: consolation
دلگیر: Pokey
دلواپسی: Worry
دُم: tail
دندانپزشک
دوا: Medicine
دواطلب: volunteer
دوباره: Again
دوختن: To Sew
دیار: Country
دیگ: pot
دیگران: Others
دیوار: Wall
ذره: Particle
ران: thigh
راه حل: solution
راهنمایی: guidance

رها کردن: to release

رهسپار: go

رهگذر

ریاضت: austerity

ریختن: To shed

ریشه: Root

زاری کردن: Bewail

زانو: Knee

زاییدن: to farrow

زحمت: Trouble

زخم:Wound

زر: gold

زردآلو: apricot

زشت: Ugly

زلال: Clear

زلف: Hair

زنده کردن: make alive

زوال: deterioration

زود: Early

زور: Force

زیارت: pilgrimage

سابق: former

سادگی: Simplicity

ساقر: Butler

ساقه: Leg

سالم: healthy

سایه‌بان: awning

سبزیجات: Vegetable

سپر: armour

سپردن: to entrust

ستاره: Star

ستم: Oppression

سحر: Dawn

سحرگاه: Dawn

سخنرانی: Speech

سراب: mirage

سراغ: search

سرچشمه: Source

سرخ کردن: frying

سرد: Cold

سرزنش: blame

سرشار: opulent

سرعت: Speed

سرکه: vinegar

سرگذشت: Story

سرمایه: capital

سوگوار: mournful
سیر شدن: to full
سیل: Flood
سیلی: slap
شاخه: Branch
شانس: Chance
شانه: shoulder
شایع: prevalent
شتر : Camel
شجاع: brave
شخص: person
شدیدی: Severe
شراب: Wine
شرر: fire
شرط: Condition
شرم: Shame
شروع: Start
شریک شدن: to partake
شعف: Hilarity
شعله: Flame
شفا دادن: to heal
شفا: heal
شقاوت: hardness

سرنوشت: Fate
سرو صدا: Noise
سرودن:Compose
سطل: bucket
سعادت: happiness
سعی کردن: to try
سقف: Roof
سقوط: fall
سکه: Coin
سلطان: King
سمساری: ragshop
سنگ خارا: granite
سنگ: Rock
سنگین: Heavy
سو: light
سوار شدن: To ride
سوال: Question
سوختن: Burn
سود: profit
سوراخ:hole
سوز: Burning
سوزاندن: Burning
سوغاتی: souvenir

شکار: hunt

شکار: hunt

شکاف: gap

شکایت کردن: to complain

شکر کردن: Thanksgiving

شکستن: Break

شکنجه: Torture

شکر: Sugar

شلاق: Whip

شلغم: Turnip

شمردن: to count

شمشیر: Sword

شمع: Candle

شوره زار: Salt marsh

شوق: Craze

شوهر: Husband

شهید: Martyr

شیشه: Glass

شیرینی: cookie

صابون: Soap

صاحب: Owner

صاحبخانه: Land lord

صادق: Honest

صحرا: Desert

صد: Hundred

صرف کردن: To spend

صفت: attribute

صفوف: lines

صمیمی: Intimate

صندوق: cash desk

ضرر: damage

ضیافت: party

طاقت: Patience

طبیعت: Nature

طلا: gold

طلبکار: creditor

طلسم: spell

طلوع: Rise

طناب: Rope

طوطی: Parrot

طویله: barn

ظالم: Ruthless

ظرف: Container

ظلم: Oppression

ظلمت: darkness

عادت: Habit

علاقه: interest

علامت: Mark

علت: Cause

علمدار: ensign

علوفه: forage

عمر: Life

عمق: Depth

عموم: public

عمیق: deep

عهد: promise

عیادت: visit

عیب: fault

عینک: Glasses

غار: cave

غاز: goose

غبار: Dust

غذا: Food

غربت: Roving

غرغر: muttering

غرق شدن: to sink

غرق شدن: to sink

غرور: Pride

غریبانه: stranger

عاری: empty

عاشق: Lover

عاقل: wise

عبرت: Lesson

عبور کردن: To Cross

عجز: inability

عجله کردن: hurry up

عده: Number

عذاب کشیدن: To suffer

عذرخواهی: apology

عرعر: bray

عرق: sweat

عروسی: wedding

عریان: naked

عزا: mourning

عزادار: mourner

عزرائیل: Azriel

عشق: Love

عصبانی: angry

عطر: Perfume

عقب: Rear

عقده: spite

عقل: wisdom

غریدن: to rage

غریزه: Instinct

غزل: Sonnet

غصه: Sorrow

غمگسار: sorrow

غمگین: Depressed

فاجعه: disaster

فاصله: Space

فال: Omen

فانوس: Lantern

فایده: Profit

فتح: win

فرار

فراش: servant

فراق: parting

فراموش: Forgotten

فرصت: opportunity

فرو بردن: to plunge

فروشنده: Seller

فریاد: Cry

فریب: deception

فضول: voyeur

فکر: Thought

فلات: plateau

فندق: Hazelnut

فواره: fountain

فوراً: instantly

فهمیدن: Understand

قاب: frame

قاچاق: contraband

قاصد: messenger

قاضی: Judge

قامت: Stature

قانع: sufficient

قایقران: Outboard

قبا: cassock

قبر: Grave

قبله: Qibla

قبول کردن: To accept

قبیله: Tribe

قحطی: famine

قد و بالا: stature

قدرت: Power

قدقد: cluck

قدیس: saint

قدیمی: old

قربانی کردن: to victimize	کبود: livid
قسم: adjuration	کتان: linen
قسمت: Section	کتک: Beat
قصاب: butcher	کثیف: Dirty
قصاص: nemesis	کچل: bald
قصد: Intention	کدخدا: alderman
قصه: Story	کروی: spherical
قصیده: ode	کفن: shroud
قطب نما: compass	کلاغ: crow
قطره: Drops	کلافه شدن: to be confused
قفس: cage	کمان: bow
قفل: Lock	کماندار: archer
قلب: Heart	کنج: Corner
قلک: Piggy bank	کوچه: Alley
قلم: Pen	کور: Blind
قوچ: Ram	کوزه: jug
قوطی: can	کوله بار: fardel
قوقولی قو قو: crow	کوهستان: mountain
قهر: Wrath	کهربا: amber
قیامت: Judgment	کهکشان‌ها: Galaxies
کاشتن: to seed	کیسه: bag
کبریت: Matches	کبوتر: bird
کبوتر: pigeon	کندو: Canned

گله کردن: Grumble
گلیم: rug
گُم شدن: getting lost
گم کردن: to lose
گم کردن: to lose
گناه: guilt
گنبد: dome
گنجشک: bird
گندم: wheat
گوارا: Tasty
گورخر: zebra
گورستان: Cemetery
گوسفند: Sheep
گوشت: Meat
گوگرد: sulfur
گوله: merdinik
گونه: Species
گوهر: Gem
گیج: Astounding
گیس: Wigs
لاجوردی: Ultramarine
لازم: necessary
لالایی: lullaby

کوچ: Migration
کوزه: Pitcher
کویر: desert
کهنه: Outdated
گاز گرفتن: to bite
گدا: Beggar
گذرا: transient
گربه: Cat
گرداب: Whirlpool
گردش: Circulation
گردو: Walnut
گرگ: Wolf
گرم: Hot
گریان: Crying
گریبان: collar
گریز: escape
گریه: Cry
گلایه: Woes
گلبرگ: Petal
گلخانه: greenhouse
گلدان: flower pot
گلدسته: Finial
گلشن: garden

لامپ: Lamp

لانه: nest

لبخند: Smile

لجن: sludge

لحاف: quilt

لحظه: moment

لخت: Nude

لذیذ: delicious

لرزاندن: to tremble

لغت: Word

لغزیدن: to slide

لگد زدن: to kick

لمس: tactility

لوچ: squint

لیسیدن: to lick

ماتم: Mourning

مالیدن: To Rub

مامور: officer

مامور: officer

ماموریت: mission

ماهی: Fish

مایع: Fluid

مبتلا: afoul

مبهوت: staggered

متوجه شدن: pay attention

مجال: Opportunity

مجبور شدن: To be forced to

مجلس: Party

مجنون: Insane

محال: impossible

محتاج: needy

محدوده: Range

محراب: altar

محروم: deprived

محزون: Sad

محفل: clique

محکم: Firm

مخارج: Expenses

مختصر: brief

مخلوط کردن: To mix

مخمل: velvet

مدام: continual

مداوا: medical treatment

مدیون: debtor

مراجعه کردن: to refer

مراسم: Ceremony

معالجه کردن: to cure
معامله: Transaction
معجزه: miracle
معراج: ascension
معصومانه: Innocent
معلم: Teacher
معلوم: clear
معلومات: information
معین کردن: to determine
مغازه: Shop
مغز: brain
مفتون: amorous
مقدس: holy
مقصر: Guilty
مگس: Fly
ملامت: Rebuke
ممنوع: Prohibited
منبر: pulpit
منتظر: Waiting
منصرف: Give up
منظور: intended
منفعت: benefit
موج: Wave

مرتاض: ascetic
مرثیه: elegy
مرثیه: jeremiad
مرغ: Chicken
مرغابی: duck
مرگ: Death
مرمر: marble
مرهم: balm
مزاحم: annoying
مسابقه: match
مسافر: Passenger
مسجد: Mosque
مسکن: housing
مسی: cupreous
مشاهده کردن: to observe
مشتری: customer
مشخص: Specified
مشرقی: Oriental
مشغول: Busy
مشکی: Black
مشمول: Subject
مصلحت: interest
مطلب: Subject

نصف: Half
نصیحت کردن:to advise
نغمه: Melody
نفرین کردن: to curse
نفس: Breath
نفع: profit
نقاب: Mask
نقره: silver
نگاه: look
نمناک: damp
نمی‌ارزد: Not worth
نوازش: Caress
نوع: Type
نهال: plant
نهنگ: Whale
نیاز: Need
نیرومند: Strong
واپسین: Saints
وادار کردن: to force
وارثان: inheritors
واژه: Word
وانفسا: regret
وانمود کردن: to feign

موجب شدن: To cause
موسم: promise
مونس: companion
مِه: Fog
مهتاب: Moonlight
مهمانی: Party
میدان: square
نادان: ignorant
ناراضی: dissatisfy
ناسزا: profanity
ناگهان: Suddenly
ناله: groan
نامرد: dastard
نامه: Letter
نبض: Pulse
نتایج: results
نجات دادن: to save
ندامت: Remorse
نذری: Votive
نردبان: ladder
نژاد: Race
نسل: generation
نشان دادن: to show

هق هق: Sob

همدم: Companion

همدیگر: Each other

همراه: Along

همسایه: Neighbor

همسر: Spouse

همسفر: Fellow traveler

همنشین: companion

همنوع: congener

هنجره: larynx

هویج: carrot

الهه: Goddess

هیزم: firewood

یادگاری: memento

وحشت زده: horrified

وحشت: Fear

وحشی: wild

وِرد: epode

وسط: Middle

وطن: home country

وظیفه: Duty

وفا: troth

وفور: abundance

ولایت: province

ویران: Dilapidated

هجوم: influx

هدیه دادن: gift giving

هرزه: Licentious

هرگز: Never

هسته: kernel

هشیار: alert

Other books of Interest

Easy Persian Phrasebook

Persian for Busy Travelers

101 Most Common Persian Words

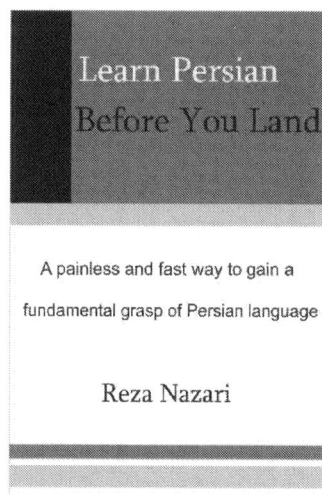

Learn Persian before You Land

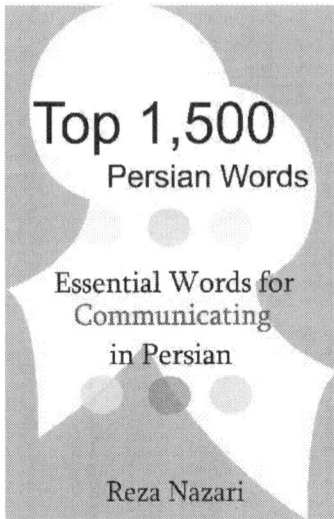

Top 1,500 Persian Words

Essential Words for Communicating in Persian

Reza Nazari

Top 1500 Persian Words

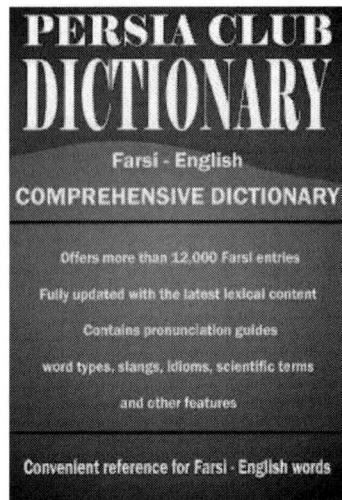

PERSIA CLUB

DICTIONARY

Farsi - English

COMPREHENSIVE DICTIONARY

Offers more than 12,000 Farsi entries

Fully updated with the latest lexical content

Contains pronunciation guides

word types, slangs, idioms, scientific terms

and other features

Convenient reference for Farsi - English words

Persia Club Dictionary Farsi - English

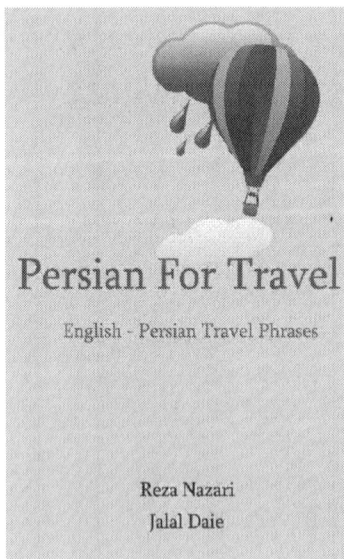

Persian For Travel

English - Persian Travel Phrases

Reza Nazari
Jalal Daie

Persian For Travel

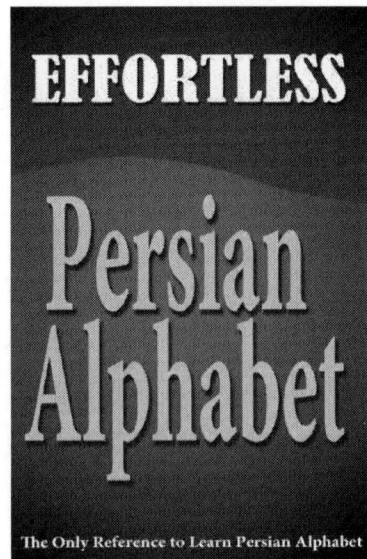

EFFORTLESS

Persian Alphabet

The Only Reference to Learn Persian Alphabet

Effortless Persian Alphabet

Laugh and Learn Farsi

Farsi Verbs Dictionary

Essential Idioms In Farsi

Farsi Reading

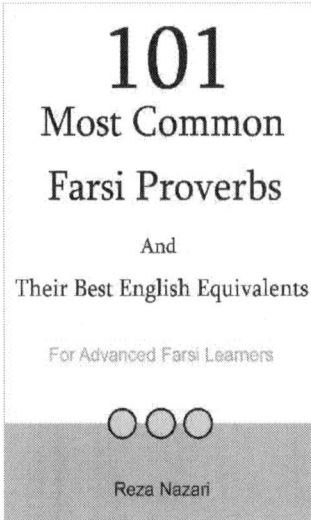

101
Most Common
Farsi Proverbs
And
Their Best English Equivalents

For Advanced Farsi Learners

Reza Nazari

101 Most Common Farsi
Proverbs and Their Best English
Equivalents

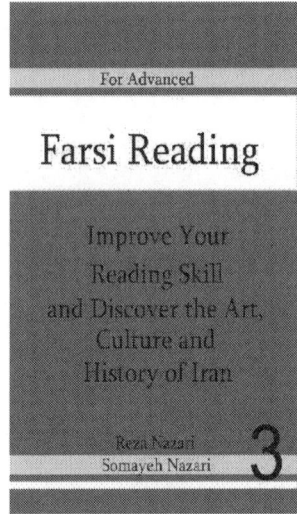

For Advanced

Farsi Reading

Improve Your
Reading Skill
and Discover the Art,
Culture and
History of Iran

Reza Nazari
Somayeh Nazari

Farsi Reading

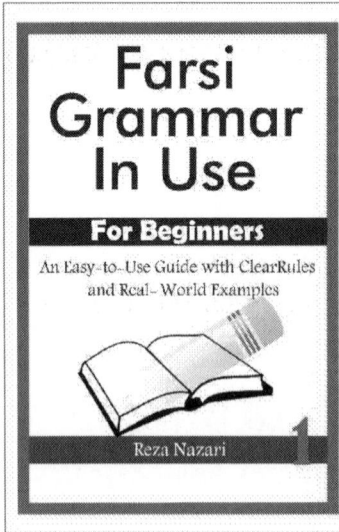

Farsi
Grammar
In Use

For Beginners

An Easy-to-Use Guide with ClearRules
and Real-World Examples

Reza Nazari

Farsi Grammar in Use: For
beginners

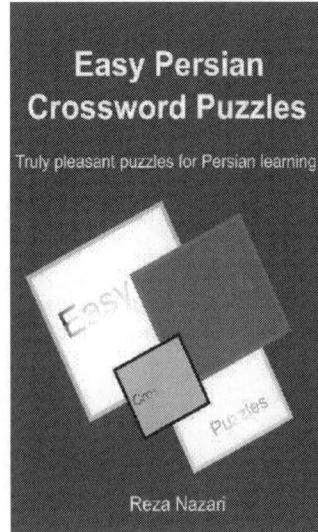

Easy Persian
Crossword Puzzles

Truly pleasant puzzles for Persian learning

Reza Nazari

Easy Persian Crossword
Puzzles

"Learn Persian Online" Publications

"Learn Persian Online" authors' team strives to prepare and publish the best quality Persian Language learning resources to make learning Persian easier for all. We hope that our publications help you learn this lovely language in an effective way.

Please let us know how your studies turn out. We would like to know what part of this book worked for you and how we can make this book better for others. You can reach us via email at

info@learnpersianonline.com

We all in *"Learn Persian Online"* wish you good luck and successful studies!

"Learn Persian Online" Authors

Let's Keep In Touch

Online

Follow US

Visit US at

f

www.facebook.com/PersiaClubCo

learnpersianonline.co

www.twitter.com/PersiaClub

Call

1-469-230-3605

www.instagram.com/LearnPersianOnline

Online Persian Lessons via Skype
It's easy! Here's how it works.

1- Request a FREE introductory session.
2- Meet a Persian tutor online via Skype.
3- Start speaking Real Persian in Minutes.

Send Email to: info@LearnPersianOnline.com
Or Call: +1-469-230-3605

Printed in Great Britain
by Amazon